Kontaktadresse nach EU-Produktsicherheitsverordnung:
produktsicherheit@fischerverlage.de

Dies ist das unwiderrufbar letzte Buch von Elias Canetti. Noch kurz vor seinem Tod hat Canetti seine Aufzeichnungen gesichtet und die in diesem Band versammelten Notate für den Druck vorbereitet. Dieser Band schließt an die Bände mit Aufzeichnungen an, die im Fischer Taschenbuch Verlag bereits lieferbar sind. Über Jahrzehnte hinweg hat Canetti dererlei Aufzeichnungen gepflegt und später immer wieder in seine umfangreicheren Werke einmontiert. Bei der Lektüre dieser Notate kann der Leser gewissermaßen einem der bedeutendsten deutschsprachigen Autoren dieses Jahrhunderts über die Schulter blicken. Der Zürcher Germanist Peter von Matt schrieb zu Canettis Aufzeichnungen: »Auf Dauer werden sich diese Bücher wohl als die unerschöpflichsten, tiefsinnigsten und witzigsten Bücher Canettis erweisen. Sie sind von einer komödiantischen Weisheit, die selten ist in unserem Kulturraum, wo die Philosophen zwar schwarze Zipfelmützen tragen dürfen, keineswegs aber öffentlich lachen.«

Elias Canetti wurde am 25. Juli 1905 in Rustschuk/Bulgarien geboren. 1938 emigrierte er von Wien nach London. Canetti wurde mit vielen großen Literaturauszeichnungen bedacht, darunter dem Georg Büchner-Preis und dem Nelly Sachs-Preis; 1981 erhielt er den Nobelpreis für Literatur. Elias Canetti starb am 14. August 1994. Im Fischer Taschenbuch Verlag: ›Die autobiographischen Schriften in einer Kassette‹ (Bd. 13893), ›Werke‹ (Bd. 13050), ›Das Augenspiel‹ (Bd. 9140), ›Die Blendung‹ (Bd. 696), ›Die Fackel im Ohr‹ (Bd. 5404), ›Die Fliegenpein‹ (Bd. 13015). ›Das Geheimherz der Uhr‹ (Bd. 9577), ›Die gerettete Zunge‹ (Bd. 2083), ›Das Gewissen der Worte‹ (Bd. 5058), ›Masse und Macht‹ (Bd. 6544), ›Der Ohrenzeuge‹ (Bd. 5420), ›Die Provinz des Menschen‹ (Bd. 1677), ›Nachträge aus Hampstead‹ (Bd. 14148) und ›Die Stimmen von Marrakesch‹ (Bd. 2103).

Elias Canetti
Aufzeichnungen
1992–1993

Fischer
Taschenbuch
Verlag

2. Auflage

2024 S. Fischer Verlag GmbH,
Hedderichstr. 114, 60596 Frankfurt am Main

Lizenzausgabe mit freundlicher Genehmigung des
Carl Hanser Verlags München Wien

Printed in Germany
ISBN 978-3-596-14149-4

1992

Der Vermittler, der niemand achtet.

Feinheiten der Unterwürfigkeit. In welchem Kern steckt das Nein?

Psychologie, erträglich, wenn sie die Rätsel, die sie zu lösen vorgibt, vergrößert.

Er denkt daran, sich wieder zu entwurzeln.

Sie war schon ganz Haut und streifte seinen Finger.

Ein Dichter, von dem nicht ein Satz notwendig ist, aber jeder giftig.

›Eurydamas aus Kyrene siegte im Faustkampf. Zwar hatte ihm sein Widersacher die Zähne ausgeschlagen, doch er hatte sie runtergeschluckt, damit sein Gegner es nicht merke.‹

Beschuldigung, die nicht zu einem Ende führt, weckt Haß. Dauer-Beschuldigung ist ein Unding. Selbst Blutrache hatte eher Sinn und hat doch für unser Gefühl keinen.

Je monströser eine Schuld ist, umso weniger läßt sie sich aufrechterhalten.

Aber soll das Geschehene vergessen werden? Es soll als Unfaßbares, nicht als Schuld bestehen bleiben.

Läßt sich das Unfaßbare von Schuld trennen? Das Unfaßbare ist anonym. Es bezieht sich nicht auf ein Volk. Es ist ein Unmenschliches, das *alle* bedroht und von überall einbrechen kann. Man rückt ihm zusammen auf den Leib wie einem Monstrum.

Er anerkennt keinen Feind. Niemand sei stark genug, sein Feind zu sein.

Es ist besser, die Angst auszusprechen, als sich weiter mit ihr zu tragen. Am besten ist es, sie *aufzuschreiben*, ohne sie auszusprechen.

Es ist möglich, daß die Rigidität deines Todeshasses dir bestimmte Zeiterfahrungen versperrt hat. Es könnte Zeiten geben, die du nicht wahrhaben willst und darum unterschlägst.

Verträge sterilisieren den Geist. Wer ein Leben des Geistes führt, sollte nichts von ihnen wissen. Verträge schließen aus.

Aus zu wenig Menschen leitet sich eine *falsche* Welt ab. Aus zu vielen entsteht keine.

Es ist zu viel da. Noch immer weißt du nichts. Du findest dich damit ab. Es soll dir nicht verziehen werden.

Aus Erfahrung dumm werden.

Wieviel Unsinn man schreibt! Wieviel Unsinn man sich denkt! Wohin mit all dem Unsinn? Man kann's doch nicht einfach schlucken und vergessen.

Gefährlich ist Ruhm *unter den Berühmten*. Die Namen, nebeneinander, stacheln einander wahllos auf. Sie erstechen die Kleinen und füttern die Großen. Ihre Tendenz ist, sich auf Alleinherrschaften zu reduzieren, unerreichbares Ziel. Schon daß es erstrebt wird, ist ein Unglück. Man soll den Ruhm in kleinen Päckchen auseinanderhalten. Man soll viel Verachtung und ganz wenig Nachsicht für ihn haben.

Der eigentliche Ruhm ist unbeeinflußbar, trotz Medien, Bestechung und Betrug. Beeinflußbar sind nur Preise. Aber auch sie fallen plötzlich, wie grundlos, und der unschuldige Zuschauer atmet auf.

Er erkennt sich immer. Er hört damit nicht auf.

Er hat sein Geld redlich erworben und schämt sich. Warum ist es so viel? Warum wird es nicht weniger?

Auf verschiedene Weisen erstickt man in Städten: in manchen an Abwechslung, in anderen an Unkenntlichkeit.

Aber es gibt auch identische Städte. Es gibt sie immer mehr.

Der Schweigschwätzer war da. Er hat sich einen neuen Gott geholt und bringt ihn mit. Es ist aber eine Göttin. Er leiht sie rundum aus.

Sie konnte schweigen, als höre sie einen Namen zum erstenmal. Es war aber der Vater ihres einzigen Kindes.

Von vielen Namen habe ich gelesen, im Buch über das Leben der Frau, dem ich den Titel für den neuen Aufzeichnungsband entnahm. Wem bin ich in ihrer Geschichte nicht begegnet! Plötzlich ist einem zumute, als wäre Paris alles gewesen, und Wien, von dem ich erfüllt war, hätte nur zum Schein existiert. Es hat in meinem Leben keinen wahren Glanz gegeben. Es war im Grunde ein schlichtes Leben, und alles, was mir reich und bunt und abenteuerlich vorkam, hätte anderen nicht für einen Monat genügt. Paris ist mir entgangen. Paris habe ich nur gestreift. Von Paris habe ich eben so viel erfahren, daß ich nun weiß, es ist mir entgangen. Aber was, wenn ich es genau besehe, ist mir nicht entgangen? Ich habe wenig gesehen, ich war an wenig Orten, ich bin den Wenigsten von denen begegnet, die meine Lebenszeit ausgemacht haben. Plötzlich, nach der Namensorgie der heutigen Abendlektüre, ist eingeschrumpft, was ich für ein Leben hielt. Ich habe die Illusion meines Lebens, die bis vor wenig Stunden bestand, plötzlich verloren. Wie soll ich dieses Gefühl von Enttäuschung fassen?

Schon nach einer halben Stunde läßt es nach, und die Sicherheit, mit der ich immer geschlagen war, kehrt wieder. All das Nichtige, das mir geschehen ist, meldet sich, als ob es etwas gewesen wäre, und stößt beiseite, was verlockend gewesen wäre und nie war.

Die schalen Worte, die falschen Zeichen, die sterbende Schrift, die du als deine erkennst – was kann von so viel Nichtigkeit bleiben! Wirf's hinter dich, sag's nicht zu Ende. Schwach war es immer, und wird noch schwächer. Wartest du, bis es ganz verblaßt ist?

Denn was dich gehalten hat, immer gehalten, war die kräftige Klage: die sich dir weggenommen haben, hast du mit aller Kraft gehalten: bleibt hier, bleibt hier, ich geb euch nicht her, ich verabschiede nichts, was immer es sei, so wenig, daß es mit bloßen Augen kaum zu sehen ist, ich geb nichts davon her, aber heißt denn solcher Geiz schon Leben? Gehört nicht mehr zum Leben? Überraschung mehr und mehr Verwirrung, und nicht nur in Lettern, was bei dir hat es denn außer Lettern gegeben? Zwei Menschen, drei, vielleicht vier, vielleicht fünf, und sonst? Sonst nichts? Und alle die Namen? Sind die Namen nichts?

Wenn die Trostlosigkeit keinen Grund hat, verkleidet sie sich in Enttäuschung, Enttäuschung über ein Leben, das vermeintlich keines war.

Aber es war doch mehr als eines, es war ein Leben für Viele, Angst für Viele, Erwartung für Viele, und wenn auch sehr selten: Gelingen. Nicht einmal Glanz hat diesem Leben ganz gefehlt, mit ihr, deren Atem du gehalten hast, warst du in Stockholm, und von den Frauen der Gepriesenen war sie die Schönste. Wenn seither nichts mehr Glanz war, so hast du es so gewollt und ihn abgewehrt von dir und deinen Stolz ins

Gegenteil gewendet. Und dann, vor zwei Jahren *das* Schönste: Vezas Name auf Büchern, auch in anderen Sprachen – Veza, die nun deinen Namen trägt und für immer mit dir vereint bleibt –, ist das nicht das Wunderbarste, diese Auferstehung 27 Jahre nach ihrem Tod?

Die große Verzagtheit gestern, nach der Lektüre eines Buches über das Leuchten in Paris.

Und wie trostlos ging dieses Leuchten zu Ende und alles mündete in die Schande von Paris.

Das Leben, von dem du erfahren hast, begann mit Toulouse-Lautrec, mit anderen großen Malern, mit Mallarmé, Fauré, Debussy, und mündete ins Russische Ballett, das dir fremd blieb. Es wurde schließlich zu Enttäuschung über Jahrzehnte und ging in Schande über, als Paris niedergetrampelt war.

War es nicht das Trostlose dieses Niedergangs, was dich gestern überkam? Wie konntest du, was in jenem Leben geschah, auf dein eigenes einfließen lassen?

Was ging dieses Wohlleben dich je an? Es hat dich an das erinnert, was du in Wien gestreift hast. A. und A. zusammen waren noch nicht M. Das große A. hast du gehaßt, das kleine A. hat dich verschmäht, dank deinem Glück, daß du ihnen entkommen bist.

In deiner Lebensgeschichte, der Trilogie, wie sie nun einmal besteht, geht es nicht um Glanz und geht es nicht um Paris.

Es sind die vielen *Berührungen*, die dich gestern verwirrt und zu deiner Schwäche geführt haben. Die Zeit der Dekadenz bedeutet dir nichts. Für das Wort ›hautain‹ hast du nichts als Verachtung. Du hast in den Mythen der Völker gelebt, das ist der wahre Glanz, an welchen, der höher wäre, hättest du rühren können?

Eraritjaka ist dir mehr als Paris. Paris hast du nur erfahren, um dich nach eraritjaka zu sehnen.

Proust sehr nahe gekommen, in Menschen, denen er Briefe schrieb und die zu seinen Figuren wurden.

Menschen durch Schmeichelei erfassen und nie mehr von ihnen lassen. Ihre *Einzelheiten*, auf keine verzichten. Ihre Umgangsformen bewahren, allen moralischen Urteilen zum Trotz. Sich ihnen durch Krankheit entziehen, während sie zu Figuren werden.

Die höfische Schmeichelei, mit der dieser Prozeß beginnt, die zentrale Bedeutung Saint-Simons.

Unmöglichkeit, auf die kleinste Einzelheit zu verzichten, wenn sie authentisch war.

Eine Welt, in der alles besteht und nicht zu sehr vermischt wird. Vorsicht in den Entstellungen. Verdoppelung vorgezogen. Voraussetzung ist eine Gesellschaft, in der gesprochen und das Gesprochene verstanden wird, sonst gäbe es keine Schmeichelei. Ein Grund für die Anziehung der höfischen Gesellschaft.

Gesprächsverständnis als Basis für die beiden großen Romane des Jahrhunderts: Proust und Musil. Leidenschaft des Sprechens bis in unzählige Figuren verzweigt.

Wer den Leser nicht vergißt, soll kein großes Buch beginnen. Wie rasch darf ein Dichter seine Figuren durchschauen? Wenn er damit beginnt, entsteht keine Figur. (Der unglückselige Einfluß der Psychoanalyse.)

Proust wirbt noch um seine Figuren (nicht nur um die Menschen, denen sie entstammen), um den Leser wirbt er nicht.

Der Gern-Bestohlene, der es plötzlich vorrechnet.

Man hätte genug *an sich selbst* für zwanzig Bücher, wenn es einem nicht zu langweilig wäre, alles herzuzeigen.

Die Liebessüchtigen sind sich alle so ähnlich, daß ein einziger von ihnen der Betrachtung genügt. Am einfachsten: man ist selbst dieser Einzige.

Der Hundertjährige, der ein Kind will, erst dann.

Wie klein war *mein* Charlus! Und doch ist er mir der Lebendigste meiner Toten.

Das Alte, das Älteste wird immer klarer. Wie würde es leuchten, wenn man in 300 Jahren noch da wäre!

Er fordert Respekt für geliehene Kleider.

Er liest *nichts*, aber wie er es lobt!

Einer verliebt sich in eine Frau, um ihre Vergangenheit zu *zerstören*.

Du magst dich stellen, wie du willst, mild und verzeihend, Verachtung *bleibt* in deinem Zentrum, und wirklich hast du etwas zu sagen, wenn du etwas *verachtest*.

Darauf baut die Orthodoxie jeder Religion. Ist es das, was Religionen am Leben erhält?

Die Misere, die sich im Mythos verkleidet.

Daß ich mit kleinen Ländern in früher Jugend wie in hohem Alter konfrontiert war, ist mein Glück.

Denn zugleich bin ich der historische Zeuge des Zusammenbruchs aller Reiche des Jahrhunderts.

Absichten, die zu deutlich sind, verbrauchen sich rascher.

Das Himmelreich seiner Absichten.

Freier und freier. Am Ende seines Jahrhunderts vollkommen frei.

Zu viel Erinnerung. Das Meiste begonnen, das Wenigste geschehen. Ein Erinnerungsbuch aus Begonnenem.

Tiere, sagst du. Was meinst du? Du meinst alles Lebendige, das du liebst, weil du es nicht verstehst.

Das Wesen der Verachtung wird nachgerade zum Haupträtsel meines Alters.

Wie will man die Hierarchien verstehen, ohne etwas über Verachtung zu wissen?

Erstaunlich, daß ein höchst menschenfreundliches Wesen mit solcher Intensität verachten kann.

Wie oft müßte man jede Figur wiedererfinden, selbst solche der Erinnerung, um der Wahrheit nahezukommen?

Schwerer, als auf das Paradies zu verzichten, fällt mir der Verzicht auf die Unterwelt. Ach, die Schatten, wenn wenigstens die Schatten meiner Toten wären!

Daß ich mehr will, heißt nicht, daß ich auf das Wenige verzichte.

So hart wie das Töten ist, so hart muß die Verwerfung des Todes bleiben.

Großmannssucht aus Rachegefühlen.

Er meint schon etwas, wenn er Mythos sagt, aber immer kommt er sich unverschämt vor, wenn er das Wort in den Mund nimmt.

Man schreibt, um anders zu sein. Schwindler im Schreiben bleiben, was sie ohnehin sind.

Wenn es sein *muß*, dann mitten in einem Wort, das durch das Sterben entzweibricht.

Er wurde unter 5000 Namen geworfen und kannte 300.

Hoch, tief – ich werde bald 87, aber davon bin ich noch nicht losgekommen.

Er sucht die Selbstmörder seines Lebens und holt sie zurück. Wie gern sie kommen, wie sie über die Gesellschaft, in der sie sich finden, staunen! Jeden spricht er an, jeder steht ihm Rede. Keiner begreift sich, keiner täte es wieder.

Zusammen danken sie ihm, Chor der Selbstmörder.

Ein Gott aus Geld, nicht unterzukriegen.

Zu Berühmten jeder Couleur äußert er sich begeistert. Er hält das für eine Frage der Schicklichkeit. Die könnten ja sonst denken, er wisse nicht, zu wem er spricht.

Treue wächst mit der Zahl der nach einem Tod verfließenden Jahre. Einer, der sehr alt wird, müßte in Treue *versteinern.*

Roman einer Wüste. Wo hat sich einer verborgen?

Klappern der Vielwisser. Der Nichtswisser Gähnen.

Gespräch der Freunde: Jeder berichtet von allem, was den anderen nicht interessiert.

Zwischen Dichter und Dichter: ganz schmale Stege. Lebensgefährlich. Besser ein Umweg.

Nichts ist dem Alten mehr erwünscht, als Ratschläge zu erteilen, er muß gar nicht wissen, was er sagt, aber er sagt's.

Wann immer sie können, gähnen sie ihm eins in seine Sätze hinein.

Verloren, wer nicht liebt, was er am wenigsten ist.

Er erwartet, daß eine kommt, die sie ersetzen will. Diese darf er auf ihrem Grabe opfern.

In der Vergangenheit wird jeder zärtlich.

Aufzeichnungen aus einem neuen Leben, das *nichts* vom alten übernimmt.

Er bot sich der Verzweiflung an statt dem Schweigen.

Man kann nur mehr sagen, als man will.

Aphorismen aus geschmolzenem Schweigen.

Gedanken, die von ihrer eingeborenen Trauer leben.

Was immer er sagen würde, würde gehört werden. Drum sagt er besser nichts.

Lärm um Lichtenberg? Glückliche, die ihn jetzt erst kennenlernen werden.

Er *weiß* zu wenig, um zu sterben. Vielleicht hätte er gerade danach das Wichtigste erfahren.

Bauern im südindischen Karnataka:

»Nach monatelangen fruchtlosen Protesten versammelten sie sich jetzt vor dem Parlamentsgebäude *und lachten zwei Stunden lang die Regierung aus.* 2000 Polizisten schauten tatenlos zu.«

Schreiben erleichtert dich. Selbst wenn du nichts zu sagen hast, erleichtert dich Schreiben.

Weiß man, wann man nichts zu sagen hat?

Der Wechselfeind: drei Tage für, drei gegen dich.

Der schlechteste Mensch, der nicht erträgt, daß irgendwer sich ernst nimmt.

Man könnte sich einen vorstellen, der *neben* seinem Namen lebt und ruhig zusieht, was immer diesem geschieht. Nicht nur wäre er um eine ganze Person, ebendie des Namens reicher, er würde einen guten Teil von sich vor falschen Empfindlichkeiten, denen des sinnwidrig Angegriffenseins, schützen.

Denn es gibt genug und übergenug anderes, wofür man mit Grund anzugreifen wäre, aber das kennt man nur selbst, und man sollte die Möglichkeit haben, es zu finden, ohne Entstellungen von außen nachzugeben.

Ich war voller Vertrauen, sie voll Geheimnis. Keineswegs war alles von Bedeutung, was sie vor mir geheimhielt, keineswegs alles von Bedeutung, was ich ihr anvertraute.

Aber eben durch den Akt des Vertrauens und den der Geheimhaltung *wurde* es bedeutend.

Er lügt bloß, um zu erfinden. Sobald es stimmt, sagt er die Wahrheit.

Franz Steiner

So viel ist über ihn zu sagen. Wo fang ich an?

Sein Leben war von seiner Figur bestimmt, er hatte keine. Er war klein und so schmächtig, daß man ihn beinahe übersah. Besonders häßlich war sein Gesicht: niedere, fliehende Stirn, ohnmächtige Augen immer in unwillkürlicher Bewegung. Die Sprache weinerlich, selbst wenn nichts zu beklagen war. Weniger einnehmend als er konnte kein Mensch in Erscheinung treten.

Aber dann sprach man mit ihm, und er hatte, auf seine langsame und scheinbar leidenschaftslose Art, immer etwas zu sagen. Es war immer klar und konkret und jeder Rhetorik bar. Es bestand aus seinem Gehalt, nie irgendwelchen Mitteln der Wiedergabe. Wenn man sich an das leicht Klagende im Ton gewöhnt hatte und davon absah (zu über*hören* war es nie, darum sag ich ›absah‹), spürte man als Zweites und nicht weniger Konstantes die Frage, und zwar so gemäßigt, daß sie sich einer Antwort gar nicht versichern wollte. Man mußte sich schon ein wenig auskennen im Geiste dieses Menschen, um zu wissen, daß es nur um ungeheure Antworten ging. Diese sind so selten, daß ein vernünftiger Mensch sie nicht erwartet.

Ungestraft fragen kann man nach den Gesetzen. Ihr Wortlaut steht fest, und zum Schluß bleibt für manche gar nichts übrig, als nach dem genauen Wortlaut der Gesetze zu fragen. Das war auch wirklich Franz Steiners Weg. Mehr und mehr entschied er sich für die Gesetzestreue seines Glaubens.

Aber er machte nie den Versuch, mich dafür zu gewinnen. Er wagte es nie, den Freiheitszwang, der mich bestimmte, anzutasten. Er war dankbar dafür, daß ich ihn trotz seiner zunehmenden Beschränkung auf einen historisch festgesetzten Glauben im Gespräch so ernstnahm, als wäre er frei, so frei wie ich mich selber fühlen mußte.

Auf eine Weise, die er in den spätesten Jahren unserer Freundschaft nie zugegeben hätte, war und blieb er immer frei. Er war frei in Mythen. Er war der einzige Mensch, den ich gekannt habe, mit dem ich über Mythen sprechen konnte. Nicht nur kannte er viele und konnte mich so gut mit welchen überraschen wie ich ihn: er tastete sie nicht an, er deutete sie nicht, er machte keinen Versuch, sie nach wissenschaftlichen Prinzipien zu ordnen, er ließ sie in Ruhe. Sie wurden nie für ihn zu einem bloßen Mittel. Sie waren auch für ihn das Höchste und Kostbarste, das die Menschheit sich gewonnen hatte. Wir konnten tagelang über Mythen zueinander sprechen, jeder kam auf neue, die er dem anderen hinhielt, und immer waren sie im Leben einer bestimmten Menschengruppe das Wesentlichste gewesen, immer hatten sie gezählt und bestimmend gewirkt. Von uns beiden keiner, weder er noch ich, hätten es gewagt, in diesen Gesprächen etwas zu erfinden.

Es ging um Mythen, die präzis überliefert waren, nach denen Menschen ihr Leben eingerichtet hatten, nicht um seine oder meine spielerische Erfindung. Das Vertrauen, das zwischen uns herrschte, beruhte auf dem Respekt vor Mythen, mit denen wir, jeder für sich, einen guten Teil unserer Zeit verbrachten. Man möchte denken, daß das gar nichts so Seltenes ist, und übersieht, daß beinahe alle Kenner von Mythen sie für irgendwelche Zwecke, zur Bekräftigung irgendwelcher Theorien oder Einteilungen mißbrauchen.

Unschuldige Verehrer und Betrachter von Mythen sind rar. Ich habe selbst unter Dichtern nur solche gekannt, die es zeitweilig waren, meist zur Stützung eines Werkes, mit dem sie beschäftigt waren.

Sein Gefühl für alles, was lebenswert ist. Seine ruhig leuchtende Kenntnis davon. Es war unerlangbar für ihn, er *träumte* davon. Er träumte von einer Familie, von Frau und Kindern. Er liebte seine Schwester, die er früh verlor. Sein höchster Vertrauensbeweis war, daß er mir das Bild dieser Schwester zeigte. Alle Frauen, um die er später in unsäglicher Geduld warb, glichen dieser Schwester. Für andere, die er hätte gewinnen können – seiner Häßlichkeit zum Trotz –, empfand er Verachtung. Er wurde zornig, wenn man sich um ihn bemühte, und war sich vielleicht nie dessen bewußt, wie sehr er etwas Hilfeflehendes an sich hatte. In seiner Vorstellung von einer Familie war er der *Mann*, und sein Zorn galt einer Frau, die ihn als Kind zu sich nehmen wollte. Man muß etwas über sein Äußeres sagen, um zu begreifen, warum er etwas so Alltägliches wie eine Familie nie erlangen konnte.

Er starb, als eine Frau sich ihm anverlobte. Es war die englische Dichterin Iris Murdoch, die ihn in Oxford kannte und geistig von ihm bezwungen war. Sie vertraute ihm das Manuskript ihres ersten Romans an. Seit Jahren war er von einem schweren Herzleiden bedroht und las es, als es ihn zum letztenmal überfiel. Der letzte Brief, den er mir schrieb, galt diesem Roman: er bat mich, was er sonst nie getan hätte, inständig darum, ihn zu lesen. Es war ›Under the Net‹ und er muß als der eigentliche Entdecker von Iris Murdoch gelten.

Sie glich seiner Schwester. Auf seinem Krankenbett bat er sie darum, seine Frau zu werden. Sie nahm an und betrachtete sich als verlobt. Der Zustand seines Herzens ließ wenig Hoffnung für ihn übrig. Aber es ist möglich, daß die Freude über diese Verlobung zum Anlaß seines Todes wurde. So wäre er, der immer unglücklich war, in glücklicher Verfassung gestorben.

Steiner war sehr wahrheitsliebend und schmeichelte nie. Veza, die eine wilde Schmeichlerin war, muß ihm unheimlich gewesen sein. Seine Anbetung von Schönheit war so groß, daß ihm nichts, was er einer Frau sagte, als Schmeichelei erscheinen konnte, er hielt es immer für wahr.

Das ›Gebet im Garten am Geburtstage meines Vaters‹, das ich gestern – nach vierzig Jahren – wiederlas, hat mich sehr ergriffen. Es ist unter dem Eindruck von Jorge Manrique geschrieben, und nie war ein Einfluß legitimer.

In Spanien wäre Steiner wirklich gern mit mir gewesen, und eigentlich war er dort für mich.

Seine Briefe aus Spanien enthalten das Schönste, was er mir je schrieb.

In unseren Gesprächen über Völker – viele sogenannte Primitive waren darunter – lag der Nachdruck bei mir auf Mythen, bei ihm auch auf früher Dichtung. In Briefen schrieb er oft Gedichte von Stämmen, mit denen er sich eben befaßte, nieder, Mythen, glaube ich, nicht, oder wahrscheinlicher, selten. Er schrieb mir eine Kraft des Fürwahr-Haltens zu, um die er mich beneidete. Er scheute bald nicht davor zurück, mich dafür einzusetzen. Da er nur ernsthaft warb – er wollte heiraten und eine Familie gründen, es war, wonach er sich am meisten und beinahe unaufhörlich sehnte –, konnte er nichts Leichtfertiges darin sehen, einen Fürsprecher zu haben, der ihn zu schätzen wußte, seinen hohen geistigen Wert und seine Verläßlichkeit kannte und es denen, um die es ihm zu tun war, mit dem Feuer, das er nicht hatte, sagen konnte.

Er wußte es nicht besser, als die Worte es wissen, und suchte nicht immer hinter sie zu greifen. So war er frei von Psychoanalyse. Er konnte einen Vorschlag, der von dort kam, kühl und kritisch erwägen, ohne ihm zu verfallen. Das Prüfen war sehr seine Sache. Dichten war für ihn ein Prüfen von Worten. Er las nie, ohne sich Wörter aufzuschreiben, die ihm gefielen. Daß er es in vielen Sprachen tat, auch in solchen, an die er von außen, als Anthropologe heranging, nahm den deutschen Worten, in denen er seine Gedichte schrieb, nichts von ihrer Gültigkeit. Es war ihm nicht möglich, etwas von Wert, also besonders ein Wort zu entstellen oder zu verschleudern. Er sprach langsam und zurückhaltend, er hatte immer bedacht, was er sagte. Man war nie einem Ursprung nahe, wenn man ihn hörte, wohl aber einem Ergebnis. Arbeit war für ihn ein beinahe feierliches Wort. Er rüstete sich zur Arbeit, ganze Tage lang konnte er sich auf eine Arbeit vorbereiten. Er träumte von Orten und Räumen, an denen es sich gut arbeiten ließe, er empfand sie als – Arbeits-Landschaften, ohne es so schwerfällig zu sagen und sich auf Fleiß als Tugend etwas zugute zu halten.

Er verübelte mir sehr, daß ich nur jeden dritten oder vierten Brief beantwortete. Eine regelmäßige Korrespondenz fiel mir schwer, Briefe waren für mich Ausbrüche, auf die ich warten mußte, die ich nicht erzwingen mochte.

Das wußte er wohl, als gutem Beobachter hätte ihm das nicht lang entgehen können, aber da er nicht nur in Briefen lebte, sondern immer etwas *wollte*, hütete ich mich davor, ihm auf jede Laune zu antworten. Wenn Beschwerden nicht halfen, drohte er mit einem Abbruch der Beziehungen, gab sich aber immer, da er sah, daß es nichts nützte, mit einer Drohung zufrieden.

Wenn er von Oxford nach London kam, trafen wir uns während mehrerer Jahre, noch im Krieg, im Student Movement House in der Gower Street. Das war ein Ort, wo Studenten jeglicher Herkunft sich trafen, aus Afrika und Indien, aber auch aus den weißen Dominions. Da kamen Emigranten aus allen Ländern Europas hin und Araber, Chinesen, Malaien. Es war ein Klub ohne Vorurteile, einzige Voraussetzung zur Aufnahme war eine Verbindung mit der Universität. So waren es meist junge Menschen, aber auch Leute, die längst fertigstudiert hatten, kamen gern. Man konnte mit jedem ein Gespräch anknüpfen, man stellte sich vor, nahm Platz, unterhielt sich und stand wieder auf, wann man Lust hatte oder es einen zu anderen Menschen hinzog. Es war die freieste, vorurteilsloseste Atmosphäre, die ich je gekannt habe. Natürlich blieben Menschen die, die sie immer gewesen waren, aber während der Stunden, die sie im Klub verbrachten, legten sie ihre Vorurteile ohne Anstrengung ab, es ist einem unvergeßlich, wie wohl sie sich dabei fühlten.

Steiner, der schon einige Jahre vor mir nach England gekommen war, hatte mich in diesen Klub eingeführt. Für ihn als Anthropologen war es ein Paradies, und es war das schönste Geschenk, das er mir machen konnte, daß er diesen Ort für unsere Gespräche wählte. Wenn seine Verpflichtungen es erlaubten, verbrachten wir hier drei oder vier Stunden zusammen, in ernstem und immer konzentriertem Gespräch, von Begegnungen mit den verschiedenartigsten Menschen unterbrochen, die sich uns näherten oder die er mit mir bekannt machen wollte. Man muß sich vorstellen, was es bedeutete, wenn wir gerade ein Gespräch über Aschanti-Sprichwörter führten und er mir mittendrin Kessi vorstellen konnte, der als Aschanti-Prinz galt. Nicht daß wir dann viel von ihm über solche Sprichwörter erfuhren, aber wir konnten uns vorstellen, auf welchen Lippen sie waren, und wenn es nicht gerade der etwas hochmütig lachende Kessi, sondern ein anderer Student von der Goldküste war, wurden solche Sprichwörter uns zu Gefallen vorgesprochen. Wirklich verlassen konnte man sich auf die großartigen Sammlungen englischer Forscher.

Beide, er oder ich, überraschten den anderen gern mit einem Buch, das er schon lange gesucht hatte, aber noch nicht kannte. Das wurde zu einem Wettbewerb, den wir nicht mehr missen mochten. Die Buchhandlungen um das British Museum herum waren unerschöpflich, und nicht weniger Zeit als in unseren Gesprächen verbrachten wir in der Suche nach antiquarischen Büchern. Unter all diesen Tagen der Suche kam einer, an dem ich ihm ›Specimens of Bushman Folklore‹ von Bleek und Lloyd zeigen konnte, eine der Herrlichkeiten der Weltliteratur, ohne die ich nicht mehr leben möchte. Ich hatte es eben gefunden, vor unserer Zusammenkunft im Klub, er wollte es nicht glauben, ich hielt es ihm hin, er blätterte mit – buchstäblich – zitternden Händen die Seiten um und gratulierte mir – nun, wie man einem zu einem wesentlichen Lebensereignis gratuliert. Es gab aber auch großmütige Augenblicke, in denen einer dem anderen etwas schenkte, wovon er neben dem eigenen ein zweites Exemplar gefunden hatte.

Unsere Gespräche waren eine aufregende Verquickung von Büchern aus aller Welt, die wir mit uns trugen, und Menschen aus aller Welt, die uns umgaben. Da gab es Juristen, künftige Politiker, Linguisten, Anthropologen, Historiker, Philosophen, seltener auch Mediziner. Keiner drängte dem anderen sein Spezialgebiet auf, aber umso froher war man, wenn man von einem anderen ausgiebig danach gefragt wurde. Ich habe nie eine intelligente Geselligkeit erlebt, die toleranter gewesen wäre. Jeder wurde bemerkt, auch der einsamste oder verschlossenste Mensch weckte Interesse. Wer sich sonst vor anderen fürchtete, taute hier unter ihrer taktvollen Neugier auf. Gewiß gab es welche, die sich hervortun mußten, aber da so viele andere da waren, die es ihnen gleichtaten, tauchten sie bald wieder unter oder verschwanden.

Von Steiner selbst ist zu sagen, daß er an diesem Ort nie schlecht gelaunt war. Er, der so sehr darunter litt, daß er keine Familie hatte, und eigentlich immerzu darüber klagte – hier war er gefaßt, klug, aufmerksam, von anderen so sehr gefesselt oder in Anspruch genommen, daß er sich nicht unglücklicher vorkam als andere und sich nicht bedauerte.

An das Frühere erinnert man sich besser. Das Nahe dämmert.

Wer sich selbst liest, ist anders da, entspiegelt.

Kleiner, der sich mit Großen schmückt, wird immer kleiner.

Einer hat in seinem ganzen Leben nicht einmal das Wort ›Langweile‹ gebraucht, und war vierzig Jahre in England!

›I'm bored‹, sagen dort die Langweiligsten, und ›what a bore!‹

Jede noch so kurze Wiederbegegnung mit Musil gibt mir das Gefühl, daß ich nicht da war. Sonst, sonst immer, ist mein Selbstgefühl intakt.

In Wirklichkeit bedeutet das, daß er einen höheren Grad von Bewußtheit erlangt hat. Er kritisiert sich unaufhörlich, durch seine Figuren.

Interessant wird Freud erst werden, wenn er lange völlig vergessen war.

Man soll sich die Menschen *aussuchen*, denen man Kritik erlaubt. Es sollen höchste Instanzen sein, die man liebt und fürchtet.

Aus den Augen laufen die Menschen fort. Dann sieht er Farben. Das Letzte.

Wie Lob seicht macht, nämlich Lob, das man *immer neu* erteilen muß.

Wirkliches Lob ist Staunen.

Eifersüchtig wacht er über das Diebsgut in seinem Herzen.

Er hält sich nicht für zynisch, es geht um sein eigenes Fleisch.

Die Farblosesten nisten sich behaglich bei ihm ein.

Das Töten ist das Schlachten, was den Tieren geschieht, geschieht uns, später, aber nicht viel später; nur nicht spät genug, um ganz vergessen zu sein. Wie ein Gerücht, das lange nachhallt, schlachten, töten, schlachten, töten.

O Gott, wenn es dich gäbe, daß du damit ein Ende machst!

›Kraft ihrer Maya vermögen die Götter die *Sandkörner* auf der Erde zu zählen.‹ *Somadewa*

Wie liebe ich die Geschichten der Inder, wie haße ich den Realismus ihrer Kastenordnung.

Über sich selber lesen, bis man ein anderer wird.

Zu denen zurückkehren, die einen nicht beachten.

Ein Geist, der *sich* sieht, ist kein Geist.

Bei ›schön‹ zuckt sie zusammen. In siebzig Jahren Häßlichkeit hat sie sich noch immer nicht damit abgefunden, daß ›schön‹ schön ist.

Man hat Respekt vor Leuten, die sich auf Plato berufen. Es gibt auch ganz elende Figuren darunter.

Man wendet sich gelangweilt ab von Leuten, die ›Aristoteles‹ sagen.

Hat die Wissenschaft so vollkommen versagt?

Er mag keinen, der zu ihm spricht. Aber wie er jeden mag, zu dem *er* spricht!

An Flaubert interessiert mich seine Enormität. Sie bedrückt mich nicht weniger als ihn seine Bürger.

Bekennen! Bekennen! Ohne sich schuldig zu fühlen, will der Alte immer bekennen. Es ist jedem gleichgültig, aber er will bekennen.

Die Zeit, da er immer lehren wollte, ist vorüber. Er will bekennen. Soll er sich dazu in eine Höhle verkriechen, Fledermäuse zu Hörern, soll er auf die Straße gehen und lauthals krähen? Da niemand ihn hört, ist es gleichgültig, was er tut.

Zu denken, daß es eine Zeit gab, da er etwas zu sagen hatte!

Selbst-Angriffe sind nur glaubhaft, wenn sie sich auf etwas ganz Reales stützen: auf eine Schlechtigkeit, die man wirklich begangen hat, eine niederträchtige Gesinnung, auf ein Versagen, auf ein Unglück, das man angerichtet hat, oder eines, das man hätte verhindern können.

Manche glaubt man noch Jahrzehnte, nachdem man sie gelesen hat, auf das innigste zu lieben.

Soll man sie besser nicht wiederlesen?

Keiner, der sich einem anvertraut hat, erträgt, daß man etwas davon vergißt.

Aber Beichtväter, heißt es, *sollen* gleich vergessen.

Wieviel *zögernden* Sprechern bin ich begegnet!

Waren nicht die besten darunter?

Groll ist erbärmlich, man soll ihn nicht hegen und schwären lassen, man soll ihn loswerden. – Du bist hartnäckig im Groll und kannst nicht vergessen.

Bilde lieber *Figürchen* daraus und ergötze dich an ihnen.

Blüten, letzte Hoffnung.

An seinen Preis verkauft.

Von Geburt an hatte er Zähne. Sein Doppel-Gebiß. Sein strotzender Mund. Kein Platz für Worte.

Einzelheiten, mehr Einzelheiten *anderer*! Die eigenen schreien danach.

Die Liebe der Stab-Schrecken: Nie hat ihn solcher Ekel vor Liebe erfüllt.

Es wäre die Kindheit von vorn zu beginnen. Viele Kindheiten gibt es, die meisten bleiben verschollen.

Vor einem Namen bleibt er stehen wie vor einem Baum.
Zunahme der Namens-Verzücktheit im Alter.

Mit der *Vermehrung* des Sternhimmels wird er mir verhaßt, was war er, zu dem ich in meiner Jugend aufgeschaut habe?
Finde ich etwas in der neuen Verfassung der Welt, das mir eingeht?
Es wird alles immer mehr, hier auf der Erde, aber auch die Himmelskörper, der Mensch, der einmal *einer* sein durfte, erstickt.
Müssen die Mythen ersticken?

In Jacob Burckhardts Briefen gelesen. Sammel-Leidenschaft für Fotos seiner Kunstwerke. Er will es alles behalten und zu seinen Vorlesungen vorweisen können.
Redlichkeit der Vorlesungen vor noch nicht 200 Studenten und anderen Hörern. Er spricht frei. Er bleibt an dieser kleinen Universität und meidet Berlin. (Rankes Lehrstuhl. Treitschke, meint er, der statt seiner hinkommt, wird sich freuen.) Seine Abneigung gegen die Parvenus der Gründerjahre, auch

gegen Bismarck. Seine Abneigung gegen Juden, bei einem Besuch in Wien z.B., vielleicht aus demselben Grund. – Wie soll ein so *weiter* Mensch ohne Vorurteile auskommen? Noch stärker sind seine Vorurteile gegen die nachdrängende Plebs. Mißtrauen gegen Deutsche, eigentlich gegen nördliche Deutsche und ihre Sprachen.

Sein ungeheurer Fleiß und seine langen Briefe. Er gefällt mir noch immer, trotz läppischer Bemerkungen über Juden, trotz seiner Kunstgeschichte. Wahrscheinlich bewirkt es diese, die ihn so sehr beschäftigt, daß er für Geschichte frei bleibt. Wann gab es, in seinem Jahrhundert, etwas, das der ›Griechischen Kulturgeschichte‹ und seinen ›Weltgeschichtlichen Betrachtungen‹ vergleichbar wäre?

Seine Sammelwut lebt sich aus in Kunstwerken, zum Glück auch da nur in Fotos. Seine besten Werke sind die, die in Vorlesungen bestanden und erst nach seinem Tod zusammengefaßt erschienen.

Seine Lyrik ist eine private, die des Weins, mit wenigen Freunden getrunken. Wo er kann, bewahrt er sich das Kleine und rettet so seinen Sinn fürs Große, das er besucht und bis in Einzelheiten betrachtet. Seine Reisen behalten etwas Altertümliches selbst in der Zeit der Eisenbahnen. In Flugzeugen ist er unvorstellbar, das blieb ihm erspart.

Sein Leben ist bis in jede winzigste Einzelheit erforscht, ich werde mich hüten, den x-bändigen Kägi über ihn zu lesen. Auch mit der 10-bändigen Ausgabe seiner Briefe wüßte ich nichts anzufangen, die einbändige Auswahl reicht aus.

Seine Haupttugend ist seine Zurückhaltung, bei dieser Weite nämlich, vielleicht ist sie sogar die Voraussetzung für diese Weite.

Sehr stört mich, daß Nietzsche sein Hörer war.

Hauptsächlich handeln alle davon, daß Lichtenberg *jetzt* so berühmt sei. Als ob nicht Goethe und Hebbel und wer alles noch ihn nicht schon mit Entzücken gelesen hätten!

Wenn die Gedanken *laufen,* laß sie entkommen.

Es darf nicht das letzte Buch sein. Du willst keinen Abgesang.
Du willst überhaupt nicht, auf keinen Fall aber milde sterben.

Es ist ein Glück soviel aufzuschreiben, wenn man weiß: nur das Allerwenigste davon wird das Licht der Welt erblicken. Doch: wer wählt aus?

So hast du früh einen Tod und spät eine Geburt erlebt. Das ist es, was dich *ausmacht*, der Zwischenraum zwischen beidem, sechzig Jahre.

Er bat sie um eine Wimper. Sie schenkte ihm das Aug.

Wärst du kein Jude – müßtest du dir's einbilden?

Er haßt seinen Schatten. Wie soll er drauf treten?

In jeder Literatur gibt es große Entdeckungen: Saint-Simon bei den Franzosen, Blake bei den Engländern, Lichtenberg bei den Deutschen.
Es ist nie, was man in der Literatur der jeweiligen Sprache erwarten würde.

Laß mich die Fehler meiner Zeit machen. Ich will auch in dieser Zeit leben.

Das Emphatische bei dir, dadurch ist alles wie *verschoben.*

O Herz hinter Türen!

In keiner anderen Sprache liest er so gern. Alle Werke, die er in den vier anderen Sprachen liebte, sucht er sich jetzt deutsch zusammen. Seit er spürt, daß ihn die Sprache bald verstoßen wird, hängt er noch mehr an ihr und legt die anderen Sprachen beiseite.

Ist das die Muttersprache, in der man *schließlich* spricht?

Wie wagt es einer, etwas über die Zukunft zu wissen? Sie *entsteht* erst, in anderen.

Übersetzung in Germanistik.

Das Schicksal Kafkas: Prag heute.

Wie schön war es früher, als er ›Moral‹ noch nicht *sagte.*

Es ist gleichgültig, was er liest, er will immer selbst etwas sagen.

Ich habe noch nicht einmal damit begonnen, die Lebens*wege* der Menschen zu verzeichnen.

Rätselhaft und nie zu ergründen ist, daß es alles mit *Fraß* beginnt.

Askese als Enthaltung von Fraß, aber was bleibt nach den Mühen der Askese von Leben übrig?

Aufschauen – er kann damit nicht aufhören, und weiß doch, daß er eben darum herabsehen muß.

Im August 1945 hast du gedacht: das ist das Ende oder daraus muß sehr bald das Ende werden. Das sind 47 Jahre her. Was immer geschehen ist seither, keine Atombombe ist gefallen, auf diese Weise ist keine Stadt vernichtet worden. Trost?

Kommt die Zeit, wo er sich sagen wird: was geht's mich an?

In seinen Briefen wird auch der Größte geringer: reduziert auf die Stunde des Adressaten.

Er braucht sehr einfache Menschen, die sich für große Geister halten. Er soll sich bücken und an die denken, für die er ein sehr einfacher Mensch ist.

Man muß die Redlichkeit haben, die Grenze, an die man gestoßen ist, zu nennen.

Man muß in der Zukunft so lächerlich erscheinen, wie man war.

Das Schlimmste ist ein Prophet, der es sein will.

Immer fällt ihm ein, womit er sie gekränkt hat. Er kann es nicht bereuen, denn es war sie, die darauf reagiert hat.

Ohne Augen schreiben, von der Gestalt der Buchstaben geführt.

Glücklich begann heute der Tag, mit sechzig geretteten Walen.

Sternlicht zutiefst im Meer.

Sich der neuesten Bedürfnisse entschlagen. Man hängt ihnen bloß *wie andere,* nicht um ihretwillen an.

Nur *zögerndes* Wissen zählt.

Das ist es, was Computern am meisten abgeht: Zögern.

Viel an Bertrand Russell gedacht. Seine Verantwortung für Wittgenstein, den er sozusagen hochhob. Merkwürdig diese Verbindung von englischer Aufklärung, Leibniz und Wien.

Wittgenstein ist so sehr Wien, daß er die volle Emigration, ihre Formen und Wirkungen *vorwegnahm.*

Im Grunde möchte er nichts anderes als unaufhörlich schreiben, ohne einmal aufzuatmen, den Worten so folgen, wie sie es zu wünschen scheinen und doch sie an den Zügeln zurückhalten, wenn sie losfahren.

Alles an Joyce widerstrebt ihm, und wäre es nicht um der Blindheit willen, er würde ihn für zu wenig respektieren.

Abstoßend dieser Einbruch von außen mit Hilfe von Leibeigenen.

Aber warum dann Musil? War er weniger menschenfeindlich, weniger rücksichtslos? Weniger wegweisend?

Er ist in Not und Demütigung gestorben. Sogar den ›einzigen‹ Freund, W., hat er zum Schluß durchschaut und wußte plötzlich, daß er von ihm erbarmungslos mißbraucht wird.

Und immerhin hat Musil bis zum Schluß *gesehen.*

Er ist nie wirklich gefeiert worden, als große Entdeckung, wie Joyce in Paris.

Für sehr wenige, zu Lebzeiten, wurde er ›höchste Instanz‹. Wenn er's wurde, gewahrte er's nicht. Er ist eine tragische Figur *und* einer der schärfsten Geister. Als Geist hätte er sich trotz seinem Schicksal allem zuwenden können. Er blieb bei seinem Unternehmen. Es war unvollendbar. Was mehr läßt sich sagen?

Brütender Dummkopf. Auch er erfindet.

Sich vorzustellen, daß diese Gedichte von Paul Ančerl wären!

Man wird nicht besser, aber unbeschreiblich reich.

Welche Zeit, da alles Wissen: Mythen, Gebräuche, Riten, Sitten im Kopf einiger Alter war! Und sie haben es bewahrt, über Jahrtausende, und von diesen Mythen, die in Köpfen verwahrt wurden, leben wir.

Er mißtraut dem Einfall. Ich mißtraue der Konsequenz.

Das *Nackte* der Philosophie hat seine Anziehung. Aber wozu soviel Folgerichtigkeit? All diese Hüllen bloß zum Herunterreißen!

Ach, wie hätte ich sie gern gleich nackt!

Die sträflichen Philosophen, mit deren Hilfe man alles verteidigt.

Ich will die harten Philosophen, die einem nichts nachsehen.

Ich will ihre Verachtung, ihre Vorwürfe, ihren Hohn. Ich will fühlen, daß sie sich für mich *schämen* (aber ohne daß sie predigen).

Für die Engländer ist es, als wäre er nie dort gewesen. Für sich, als komme er eben an.

Diskurs, sagt er und meint Monolog. Dialog, sagt er und meint Monolog.

Ich bin über nichts hinweggekommen. Daß ich ein Mensch bin, habe ich verlernt. Wir sind aus der Übung gekommen. Aber was waren wir schon?

Wer alles ablehnt, ist schließlich allein. Oder wollte er vielleicht nur ablehnen, um nicht allein zu sein?

Er möchte jeden sacht auseinandernehmen und unbeschädigt wieder zusammenfügen.

Wer die eigenen Haßausbrüche – gegen sich – erlebt hat – wie kann sich der über Haß bei anderen wundern?

Auch der Langweiligste lauert.

Es ist etwas sehr Schlimmes um den Menschen, der selber nicht in den Krieg geht, aber dem Kriege zuschaut.

Die römische Arena ist wieder da.

Das Herz auf *jeder* Seite.

Wohin des Schlages?

Der Gefühle werde ich nie mehr Herr werden. Es war zu viel Trauer in mir, die Toten. Es war zu viel Entzücken in mir: Liebe.

›Für ein Bild von dieser Größe‹ – er zeigt auf ein Rechteck an der Wand – ›bekommt er in New York eine halbe Million Dollar.‹

Der Priester, der von Ruhm zu Ruhm eilt und jedem vom anderen berichtet.

Ich kann die Sterne nicht mehr sehen. Sie sind mir durch und durch verrottet.

Es ist aber wahr, daß sie alle Schuld haben. In allem, in jedem die gleiche Bestie.

Vielleicht hast du, abgestoßen von der Prädestinationslehre, dem Calvinismus unrecht getan.

Es kann *jeder* Satz seine Wirkung tun, auch der vergessenste, auch in tausend Jahren.

Feindschaft ist erfinderisch, aber wie geduldig ist sie?

Ein Monstrum, das sagen kann: ›vor fünfzig Jahren‹.

Lies sie nicht! Lies diese Briefe nicht! Wenn du sie je wiederliest, wirst du vor Glück sterben.

So viel weiß niemand von einem, es ist von niemand zerredet worden. Nun gar, was man selber nicht von sich weiß!

Schon in zwanzig Jahren würdest du nichts mehr erkennen. Wozu Wiederkehr?

Er wird die Schwarzen Löcher nicht los. Der *leere* Raum, der einem so entsetzlich war, von den furchtbarsten Tücken erfüllt.

Wieviel Leute braucht ein Mensch zum Verachten? Sind sie austauschbar? Kann er welche entlassen und andere statt ihrer dazu wählen?

Manchmal ist mir zumute, als wären alle Worte wertlos, und ich frage mich, wozu ich gelebt habe.

Darauf habe ich keine Antwort. Aber die Kraft der Frage läßt nach, ich setze mich hin und mache wieder Worte.

Georg habe ich geliebt, weil er mein einziger Sohn war, und nicht einmal das war er.

Was wird aus diesem Gedächtnis? Die Erinnerung nimmt nicht ab: sie zieht sich an manchen Stellen zusammen und erweitert sich an anderen. Sie verhält sich je nach Tages- und Nachtzeiten verschieden. In dieser großen Hitze der letzten Tage ist sie dringlicher geworden. Sie bricht sozusagen überhaupt nicht mehr ab.

Man liebt die Toten um ihrer Fehler willen. Darum gibt es keine toten Engel.

Der Schuldige weiß es plötzlich. Hat er es vorher nicht gewußt?

Hat er es alles in Begriffe verschleiert?

Und wen soll ich um die letzte Wahrheit bitten?

Von den Leuten, die *sich* an den Anfang setzen. Von denen, die an den Anfang *gesetzt* werden.

Sie brach sich den Fuß, will aber nicht bedauert werden, sie hat einen zweiten.

Erbauliche Geschichten von guten Menschen hört er für sein Leben gern.

Nur Abscheuliches schreibt er nieder.

Die Zählung, die man nicht los wird, ihre Entfesselung in Lichtjahren.

Ach, diese Gehässigkeit, der er nie entraten kann! Dieses Wissen um andere und Wissen um sich, eins so gehässig wie das andere!

Für Mo-Tse hatte ich immer Respekt, wegen der ›Menschenliebe‹, aber da sie deklariert war, konnte ich mich nie ernsthaft mit ihm befassen.

Immer noch liebe ich die alten Chinesen mehr als alles auf der Welt, mehr als die Vorsokratiker, mehr noch als die Bibel. Die Vorsokratiker nebeneinander enthalten das Ungezähmte des Denkens, seine Leidenschaft, seinen Reichtum, sein Ende in nichts. Die Bibel: so sehr Glaube, daß sie einen das Fürchten lehrt (selbst in der Vielfalt der von ihr Ergriffenen und der Erzählung über sie).

Die Chinesen, in der widersprüchlichen Deutlichkeit ihrer Lehren, beginnen zwar mit dem Anfang, den sie unter Menschen setzen, und führen immer mit Menschen weiter. Aber kein Glaube ist ihnen heiliger als sein Widerpart. Zu Recht bestehen alle. Ihre Widersprüche sind wir.

Unwürdiges über den Tod selbst bei den Chinesen – allerdings als Kontrast zu seiner überwältigenden Bedeutung in ihren *Riten.*

Die exklusivste Art von Literaturgeschichtsschreibung gibt es in der englischen Sprache (auch bei Amerikanern). Immer sollen es wenige sein, die etwas *sind*, dann noch weniger, sechs, vier, zwei – wie wäre es mit *keinem?*

V. – *Jede* Nennung ihres Namens beglückt mich, auch wenn sie mit Beleidigungen gegen mich verbunden ist.

Ein gerechter Mann ist erschütternd. *Einen* habe ich gekannt.

Verachtung des Gerechten für seinen Lebensunterhalt. Woher? Wozu?

Die Erinnerung trügt, und eben dieser Trug ist wichtig.

Diese Gefühlsseligkeit beunruhigt dich. Was aber bedeutet sie? Daß du den Schmerz aller erkennst und ihn empfindest. Daß du sicher bist, von Tag zu Tag sicherer, daß sich darin nichts ändert; daß er mit der Zahl der Geschöpfe zunimmt. Daß also immer mehr Schmerz in der Welt ist und keine Aussicht auf Änderung. Daß du durch Gefühl davon den Schmerz über*tönen* möchtest. Klägliches, aber unverzichtbares Beginnen.

Lektüre über einige Insektenarten. Deprimierend dieses Leben für Fraß und Eier. Deprimierend diese entsetzliche Kurzlebigkeit. Unsinn die Einbildung, sich in solche Wesen einfühlen zu können!

Tausende und Aberhunderttausende von Arten! Durch Selektion entstanden? Wir wissen *nichts* darüber und erst recht nichts über diese Ausbildung von Millionen von Arten.

Eine Grausamkeit in dir, die du immer unterschätzt hast. Es ist die Grausamkeit deines Todes-Bewußtseins.

Er kam nie zurecht. Überall war er schon gewesen.

Was konnte aus ihm werden, da er nichts vergaß?

Angst vor Fremden, als müßten sie Feinde bleiben. Sie sind es noch gar nicht, und schon fürchtet man, daß sie's bleiben.

Anpasserchen sucht mir vorzuschreiben, was ich bei dieser und jener Gelegenheit gefühlt haben sollte.

Kann ich denn mehr tun, als auch nach den schwersten Schlägen *Nein* sagen? Den jämmerlichen Frieden habe ich nie geschlossen. Im Geschwätz bin ich nicht ertrunken. Das harte, unerträgliche Wissen habe ich mir bewahrt.

Schließlich liest man über Karl Kraus ›a brilliant journalist‹ und fürchtet, daß ihn der Schlag trifft, wenn er es hört.

In den Aufzeichnungen spricht er immer von *anderen*, als man denkt, und verjüngt so sein Geheimnis, das er selbst nicht kennt.

Erholung an Tagebüchern. Wie man dieses Gesindel kennt, sich.

Nichts abscheulicher als die Darstellung eines *letzten* Menschen. Wem stirbt er?

Verlust der Feierlichkeit – durch die Maschine?

Plötzlich kam es heraus: sie waren alle gar nicht am Leben. Er auch nicht.

Die Frage der Macht ist angeritzt worden. Wer gräbt weiter?

Eichhörnchen, an Namen knabbernd.

Sie trafen sich, berochen sich und dankten gerührt.

Er glaubt sich zu kennen und sieht alle falsch.

Der Name gibt keine Ruhe.
Würde er, abgelegt, auch keine Ruhe geben?

Bitter? Wer ist bitter? Das ist doch nur Begeisterung, nie endenwollende.

Die Klassiker wollen dastehen. Lesen wird sie schon ein anderer.

Sie rasselt die Namen der Päpste herunter und hält sie für römische Kaiser.

Der Kopf des Machiavell, klein und so schlau, daß man seiner Vorsicht nichts zutraut.

Erbarmen für kommende Zeiten – Illusion?

Warum hasse ich das Wort ›Diskurs‹? Bloß so, wie ich ›Text‹ gehaßt habe, weil jeder es annimmt, um gut gekleidet zu gehen?

Darf denn keiner wie andere reden? Ist er darum allein schon ein eitler Idiot? Hat es nicht große Geister gegeben, die nicht im Bettelgewand gingen? Muß ›Denken‹ Buße sein? Geht man nicht immer von Wörtern aus, die tausend und abertausend Male gebraucht wurden?

Man bezieht sich auf die *Schilderung* seines Lebens so wie auf dieses selbst. Sie sind schließlich unabhängig voneinander wie *zwei* Leben. Vielleicht hält man sich mehr an das geschriebene, es erscheint einem wahrer.

Wie wenig er weiß! Wieviel er *weggedacht* hat!

Menschen zum Hassen *erfinden*, um *wirkliche* vor sich zu retten.

Haustiere – gesittete Hoffnung auf Verwandlung.

Er findet keine dummen Menschen mehr. Er sucht und sucht, aber alle sind wie aus dem Fernsehen.

Bestimmtheit, schreckliche Gabe.

Kommt Gott wieder, wenn seine Schöpfung zerstört ist?

Du hast es ausgesprochen, was die Zeit deines Lebens war. Du hast es nicht weggeschoben, nicht bekleidet und nicht begnadigt.

Diese Idioten, die meinen, man hat durch ein solches Jahrhundert gelebt, um dessen drei dürftige Theorien zu bestätigen!

Man hat gelebt, um es bei *seinem eigenen* Namen zu nennen.

Das *Wort* Genozid muß abgeschafft werden. Es ist das gefährlichste Wort geworden. Es ist das *verlockendste* Wort.

Alles, was je zum Töten gedient hat, jedes Wort, jede Meinung, jede Überzeugung kehrt wieder.

Das ist die *einzige* Ewige Wiederkehr.

Berufung auf Jahre. Sind Jahre länger am Leben?

Unterschätzt habe ich die *Meuten*, selbst die der Taulipang gegen die Pischaukò.

Aber auch wenn es stimmt, was nützt es, derart Unveränderliches zu wissen?

Man spielt mit Gedanken, damit sie sich *nicht* ineinanderfügen.

Er läßt sich nur zu seinem Vorteil hinreißen.

Nie sagt er ›reich‹, ohne zu erröten.

Dieses Jahr die Glorie Lichtenbergs. Glücklich, daß du sie erlebt hast.

Da es um *ihn* geht, bist du plötzlich für Gedenkjahre.

Ist es wichtig, daß du den Wechsel in deinen Zu- und Abneigungen verzeichnest? Vielleicht ist es nur der Wunsch, präziser zu sein, das nicht ganz Wahrhaftige im Früheren zu berichtigen. Es geht bei alledem mehr und mehr um dich, deinen Bestand. Das sollte dir peinlich daran sein, aber es wäre unwahr, sich dessen zu erwehren.

Sie warfen ihn mit sämtlichen Bleistiften zur Welt hinaus.

›Ein Mensch, der sich selbst verneint, ist blinder und grausamer als andere.‹ *Tolstoi*

›Schaggo, der Papagei Albert Schweitzers, ist gestorben. Er sprach Französisch und Baseldeutsch, zudem mehrere afrikanische Sprachen und Dialekte. Er konnte auch drei verschiedene Stimmen imitieren.‹

Er wird ausgestopft.

Der Hundertjährige und sein tägliches Wort.

Schweigt er, so denkt er, schweigt das nächste Jahrhundert.

Aber Milliarden Worte kommen, von denen er keines versteht.

Wer denn könnte von Grund auf neu denken? Wer vermöchte es, das drückende Alte zu vergessen? Wer hätte die Kühnheit, das Wort ›ich‹ hinter sich zu werfen? Wer riskiert es, bei einem solchen Unternehmen in die alten Gläubigkeiten oder die kommenden Maschinen zu geraten?

Sind sie denn besser, die Prediger des verschwundenen Ich?

Ist alles Beute? Ist alles Fraß?

Man hält sich nicht umsonst an den Tieren schadlos. Je ernster man sie nimmt, je unablenkbarer man ihnen zu ihrem Recht verhilft, umso mehr bestätigt sich die Welt in ihrem Netz des Fraßes. Kein Ausweg.

Verzweiflung durch Erbarmen.

Sonne – deine Illusion? Nein – Sonne war deine Kraft, unzerstörbar. Und wenn ich es ihm sagen könnte – würde es sich in eine Illusion verwandeln? – Vielleicht. Darum hast du's erst gesagt, als er's nicht mehr hören konnte, ihm nie.

An der Erzählung ist auch etwas Unreines: daß sie sich zusammenfügt.

Aber eben auf dieses Unreine kommt es an.

Die Zeit ist vorbei, da ich immerzu von den ›einfachen‹, den ›Natur‹völkern lesen wollte.

Habe ich sie aufgegeben? Habe auch ich sie ihrem Schicksal überlassen?

Nein, aber es ist entsetzlich, daß die Geretteten unter ihnen *wie wir* sind.

Er breitet vor mir immer seine Herrlichkeit aus. Ich lasse ihn gewähren.

Dann verbreitet er überall die Nachricht, daß er nur noch mit mir reden kann.

Zubereitung von Ruhm, ekler als jedes Geschäft.

Kann man sich vor sehr frühen Vorurteilen retten? Ihre triumphierende Wiederauferstehung im Alter.

Sie werden schon wiederkehren, trotz Verbrechen und Gewalt, die Anwälte der Armen.

Aber ohne den Haß gegen andere zum Hauptinhalt zu machen.

Es geht eine große Kraft aus von dem, der heimlich ›ich‹ sagt.

Nebensachen erfinden.

Die Vorsokratiker-Trunkenen erkennen und hassen einander.

Was hast du denn je anderes getan, als die Unsterblichkeit von den Göttern *zurückzufordern.*

›Yoho National Park in British Columbia. Yoho stammt aus der Sprache der Cree Indianer und bedeutet *Bewunderung*.‹

Gewissens-Erträge.

Erzählen, ja, aber *karg*.

Und wenn das Erzählen durch Kargheit nicht zu retten wäre?

Farben, vielleicht alle Farben, nicht die des Liebestods. Sind wir denn Spinnen?

Glücklich macht es mich nur, über Tiere zu lesen: konkret und ausführlich. Einziger Sprung aus der Moral.

Wie kann einer als weise gelten wollen, der sich kennt?

Erfahren, vielleicht, nicht einmal das verläßlich. Der Weise ist eine Kunstfigur, nach der man sehr süchtig greift, um sich zu stützen. Aber sie schlägt zurück.

Ihr schöner Gang: ihr warmer Körper leicht schwankend auf hohen, aber nicht ganz sicheren Säulen.

Der Blick folgt den Säulen nach in die Höhe und verzückt sich an der Last.

Eine Frau ist etwas so Wunderbares, daß man sie zu Ungunsten jedes Mannes eintauschen möchte.

Es ist der Blick auf sie, auf sie ganz und verkleidet, der wunderbar ist.

Später sieht man weg. Denn man schämt sich seiner Gier.

Worte, die man zu spät *vermeidet.*

Einer wird hundert und geht über zur Religion des Todes.

Noch jetzt, noch immer empfindet er Karl Kraus als seinen Privat-Machthaber.

Es muß *Platz* sein in den Assoziationen, sonst sind sie lächerlich und trivial. Nicht alles darf vorgelassen werden. Die Kontrolle zieht sich zusammen und dehnt sich aus. Wer sie wegwirft, geht verloren. Aber sie darf sich nicht etablieren. Sie hat ihren Leib und Herzschlag. Ein Riesenmännchen, schrumpfend, wieder wachsend. Die Kontrolle beißt, aber nicht immer. Die Kontrolle läßt passieren. Die Kontrolle hat Launen.

Solange ich atme, schreibe ich. Aber höre ich noch zu?

Die Übertreibungen werden selbständig, wie die Beutelratten aus den Achseln Karoras.

›Moral‹ sagen alle verächtlich, die eine Forderung fühlen. Aber soll denn nur das Schwere leichtfallen?

Was – je nach der Zeit – von Kunst verlangt wird, ist mir noch gleichgültiger geworden, als es immer war. Ich habe so viele Bewegungen, die zu Mode wurden, erlebt, daß ich auf solche, die sich für neu ausgeben, überhaupt nicht achte.

Es gibt wirklich und wahrhaftig Menschen, die mir sagen, wie ich die Geschichte des eigenen Lebens hätte schreiben sollen. Einer gab mir den Rat, mich mehr an Casanova zu halten. Andere wünschen sich mehr Psychoanalyse, mehr Marxismus, mehr Strukturalismus, am besten alle drei. Schließlich gibt es kein Individuum mehr, wie kann es seine Geschichte geben?

Die Traurigkeit über die Dinge (d. h. die Ereignisse) wird so groß, daß die Mythen sich mir vergessen.

Über die Brutalität weißt du *nichts*. Du hast sie aufs Überleben reduziert. Das scheint nicht zu genügen. Es ist noch etwas anderes dabei. Das Erbe aller Tiere, denen man Qualen bereitet hat, nicht um sie zu überleben, sondern um Qualen zu bereiten.

Macht, Macht, hast du gesagt. Zu oft – glaubst du, daß du wirklich etwas darüber weißt, weil du das Wort so oft gesagt hast?

Wie unverschämt, schon zu meinen, daß man etwas weiß, und dann täglich von hundert Unerklärlichkeiten überrascht zu werden.

Daß die Worte mehr sind, als wir ihnen je entnehmen können?

Wenn das Papier ihn meidet, wenn es ihm plötzlich so vorkommt, als hätte es nie Papier gegeben, wenn er darüber zu grübeln beginnt, daß Papier erfunden werden sollte, – scheint es plötzlich vor ihm auf, und der Bleistift galoppiert.

Was ist das für ein Versuch heutzutage, die Erinnerung zu zerstören?

Selbst wenn sie ganz falsch wäre, wenn nichts darin stimmte, wäre sie wertvoller als das Zerstückelte, das jenen Schneidern und Zerrern in Händen bleibt.

Die Person nicht mehr vorhanden? Aber das Wort ›ich‹ ist nicht abgeschafft. Immer noch setzen sich Kristalle um dieses Wort an. Was sich auf diese Weise bildet, verzweigt sich und blüht. Das Pflanzenhafte der Erinnerung – ihr Sinn und ihr Geheimnis.

Sein Geist quillt aus der Bosheit, davon hat er enorme unterirdische Lager.

Jeder Widerspruch bei anderen alarmiert ihn. Seine eigenen verschläft er.

Auch der fleißigste Nachahmer schlägt ihn nicht ganz zu Boden.

Worte, für die man seine Seele verkaufen möchte, wieviel Seelen müßte man haben!

Wäre ich Freud, ich würde mir davonlaufen.

Die Trivialität des Menschen, der Geist an seiner Langweile mißt.

F. mit allen Taschen voll von Gedichten. Er kramt sie vor Veza aus, liest sie laut vor, kramt andere aus, liest diese. Sie hört immer geduldig zu, sie weiß, es dauert vier Stunden, und dann hat er erst noch die Taschen voll, und es zeigt sich, daß die Taschen Gedichte gebären, selbsttätig. Er aber, wie eine Termitenkönigin, kauert und gebiert, wo tut man es nur hin, das Zimmer raschelt und knistert, bei jedem Schritt Gedichte.

Schwache und wirre Menschen überfällt er mit Erinnerung, aber nicht nur sie, auch starke, und jeder, der ihn *gehört* hat, *gönnt* ihm seine Jahre.

Am treuesten: die Menschen, die er *ein*mal bei sich sah.

Der Freund aus Ratschlägen, die du ihm gibst. Steckt sie schweigend ein und vergißt sie.

Fettwänste, Immer-Esser, alte Römer (aber ohne Sklaven), Schenkelklatscher, Dröhnendlacher, Sabbersäufer, Dreimalgeborene, Hundertsichere – was noch, auf wie lange?

Ach, wie er sich verachtet, für alle richtigen Dinge, die er gesagt hat!

War es der Mensch wert, erfunden zu werden? Gab es keinen anderen Weg, die Erde zu ruinieren?

Jede Hoffnung scheint darauf angelegt zu sein, ihr Gegenteil auszulösen. Wer das Beste will, wird zum Ärgsten. Wer das Schlimmste will, entpuppt sich als Retter. Liegt der Hohn in den Worten oder in den Dingen? Ist die Trennung von Worten und Dingen unsere Illusion? Sind sie in Wahrheit ein- und dasselbe? Wären bessere Religionen möglich gewesen? Wie haben wir sie versäumt? Glauben wir zu leicht, glauben wir das Erstbeste? Hätten wir mit Glauben zögern müssen? Wäre die Zögerung heiß genug gewesen? Hat uns die Nahrung verpestet? Schlucken wir täglich unseren Fluch? Welches wäre die wahre Askese? Wessen hätten wir uns mit Aussicht enthalten sollen?

Er nähert sich allem von innen. Sein Versäumnis.

Die größten Ungerechtigkeiten pflanzt und wässert man persönlich.

Erbauungs-Schriftsteller wider Willen.

Warum? Weil er nicht summarisch nein sagt?

Weil er den Ort, an dem er lebt, liebt?

Muß einer den Ort, an dem er ist, hassen, um ernstgenommen zu werden? Vielleicht wäre es richtiger, über diese Liebe zu schweigen.

Warum so viel Schwäche? Weil alles scheitert? Weil nichts als die Spur eines Lebens bleibt, das ohne jede Wirkung war?

Kennst du denn die *geheimen* Wirkungen? Bist du den verborgenen Regungen nachgegangen, die den Geist eines Menschen bevölkern?

Woher weißt du, daß alles schlecht werden muß? Gibt es keine Überraschungen zum Guten? Nur zum Bösen? Ein Aberglaube, denn *alle* deine Ahnungen trügen, auch die bösen.

Es ist eine Anmaßung, *selbst* etwas geändert haben zu wollen. Es sind doch alle noch da. Es werden noch viele mehr dasein. Erben sie nicht auch das Gute? Könnte es sich nicht *allmählich* anreichern? Was war denn der Aberglaube der Plötzlichkeit wert, daß alles sogleich, vor *deinen Augen* geschehen müsse? Warum vor deinen? Vor Enkeln? Vor Urenkeln?

Die Dichter schwindeln nicht nur in ihren Anmaßungen. Sie sagen auch: Achtung, nicht fallen! Ein Loch! Oft haben sie recht, es war ein Loch, und sie haben's gesehen. Wenn es keins war – was schadet's?

Der *gute* Physiker, der Physiker als guter Mensch. Was soll das heißen? Einstein auf seiner Geige?

Illusionen als Gerüche.

An den Tukanen wird die Selektionslehre zuschanden. An anderem auch, aber an den Tukanen ist es am deutlichsten.

Diese ungeheuren Schnäbel – wozu?

Welche immer größeren Schnäbel haben die anderen überlebt?

Man sieht sie vor sich, wie sie eine Beere *hochwerfen* – um sie dann durch die ganze Länge dieses Schnabels aufzunehmen. Wie kommt es, daß sie nicht verhungert sind? Wie ist ihnen, wenn sie mit diesen Schnäbeln gegeneinander schlagen? Vielleicht spotten sie so der Darwinisten und sind zu keinem anderen Zwecke da.

Zuviel des Lobes, zuviel des Danks. Im Wiederlesen überwältigen dich Bücher, die du fünfzig Jahre bei dir hast.

Er flötet manchmal aus dem Jenseits. Warum hörst du nicht besser?

Das *Zunehmende* der Gefühle. Sie genieren sich nicht mehr.

Der beste Anpasser müßte *verschwinden*. Aber warum verschwindet keiner?

In einem Gott versteckt leben.

Er versteht es, von Tieren zu träumen. *Sein* Tempeltraum.

Es sind die Formen der Tiere, immer andere, nach denen man dürstet. Alle, die nie Totemtiere geworden sind. Nun können sie es nicht mehr werden. Die Zeit der *Heiligung* der Tiere ist vorbei. Nun können wir uns nur noch an ihre *Schonung* machen. Das ist alles, wenig, und doch das Meiste.

Die Moralisten, die im Blut seines Geistes lebten. Er sucht sie zu besänftigen und trauert um Vauvenargues. Er bittet sie, sich umzuwenden, und sie gewahren Joubert. Da vergeht ihnen der Hochmut, und sie lassen sich sacht nieder.

Jeder tritt mit einem Schuldbekenntnis in die Welt. ›Ich bin da!‹ – Wer ist nicht da?

Der Mensch, zu Gott verzerrt, zum Teufel geängstigt.

Ein ungewöhnlicher Psychiater, einer, der noch lernt, und erregt doch seine Eifersucht, da er es wagt, *diese* Mutter wieder und wieder beim Namen zu nennen.

Es ist, als wüßte der Mann nichts von Namen. Unsägliche Namensnaivität.

Ist es nicht das Wichtigste, das Bleibende, was einer aus der Bibel lernt: die Verweigerung des Namens?

Er ist ihm nun doch begegnet, der Mann mit einem *unzerfleischten* Herzen.

Die der Sprache verfallen sind, um sie *aufzulösen*. Andere erschauern unter ihrer Berührung.

Seit ich mich dem Ende des eigenen Jahrhunderts zuneige, erscheint mir das 19. näher.

Mein Stolz ist anders. Ich will, daß alles *anders* ist als ich es voraussehen könnte.

Auch du, Hochmütiger, bist ein *Sklave*, der Sprache nämlich, in der du schreibst.

Von den größten, den reinsten Vorbildern nicht alles kennen! Es muß noch Unberührtes von ihnen geben. Sie sollen sich *entziehen* können.

Wer zu früh durchschaut, hat verloren. Es bleibt ihm nichts.

Der Mann, der die Mutter 55 Jahre nach ihrem Tod auf jeder Seite beim Namen nannte, hat mich von ihr befreit.

Seit ich sein Buch gelesen habe, ist sie zum ersten Mal *vergangen*.

Welche Huldigung ans Tier- und Menschsein, diese Aufzeichnungen!

Bis zur letzten Minute: halte an ihnen fest!

Der mag nicht nein sagen ohne Erdbeben.

Eine zehn Meter lange Python-Schlange, die sich über einen Schlafenden zieht, und er wacht erst auf, als er ihr Schwanzende fühlt.

Die Millionen Jahre der Erdgeschichte: welche Wirkung haben sie auf das Selbstgefühl des modernen Menschen?

Er ist das Ergebnis von mehr als je früher. Immer Rascheres

geschieht, aber wie lange hat es sich vorbereitet! Das Verhältnis seiner kurzen Lebensspanne (selbst wenn sie sich verlängert) zur unsäglich langen Vorgeschichte hat etwas Aufreizendes, Berauschendes, es macht ihn zu mehr fähig. Die Verbote, durch die Leben unter mehr Menschen möglich wurde, haben weniger Gewicht. Sie sind ihnen nicht mehr als ein Kopfnicken wert. Es ist auch – in solchen Zeitspannen – unendlich viel mehr untergegangen. Der Überlebende blickt auf mehr Tote zurück. Er beginnt sie zu verachten. Es sind zu viele. Es sind darunter ganze Generationen von Tieren, gemeuchelt. Beides scheinbar natürliche Opfer, Tiere wie Menschen. Es sind so Viele, daß man sie verachtet. Es könnten auch *alle* sein. Der Abstand von Vielen zu Allen verringert sich. Ein Gesamt-Untergang wird kühler in Erwägung gezogen. Da man ihn denken kann, nimmt man sich aus – die Ausnahme.

Es wird zu einem Spiel oder Spaß, sich den Untergang der anderen anzueignen und zu probieren.

Alle immer größeren Massen von Toten sind nicht nur möglich, sie werden auch zur Steigerung des Überlebens *erwünscht*.

Es kam bei Sonne auf ein leichtestes Nicken an, eine kaum merkliche Zögerung vor einem Wort, eine Hebung der Hand zu halber Höhe (bevor sie sich – rascher – wieder senkte), einen spürbaren Atemzug, eine vergänglich überraschende Furchung der Stirn.

Je länger die Lebensgeschichte besteht, umso mehr wird sie zur Wirklichkeit. Erst war sie nichts als Wahrheit. So kann sich jeder selbst erschaffen und wird – spät genug – zum Menschen, der es sich verdient.

Niemand war der Fraß fremd genug. Niemand hat *mehr* gewagt, als gegen ihn zu fasten. Aber damit war er nicht gedacht, nur außer Kurs gesetzt, bei *einem*, und für eine verschwindende Weile.

Womit beginnt man, wenn man über den Fraß denkt? Muß man sich indessen des Atmens, des Sehens, des Hörens enthalten? Muß man auf Schmecken und Riechen reduziert sein?

Muß man bei Säuglingen beginnen? Bei Tieren, die blind zur Welt kommen und eine Weile blind bleiben?

Sie liebt es, sich fremdrassige Farben aufzutragen und gedemütigt durch die Welt zu gehen.

Am besten verträgt er sich mit dem, der überhaupt nichts von ihm versteht.

Untertänig las er und bat um obrigkeitlichen Schutz.

Bei gewissen Sätzen standen ihm die Haare zu Berge.

Dann kam er zu sich. Es kam ein Punkt.

Nicht einmal einschlafen würde er, wenn niemand es ihm vormacht.

Über die Jungen weiß ich nichts. Jeder beeindruckt mich. Ahnungslos begrüße ich jeden. Keiner schmeichelt. Sind sie so stolz wie ich damals war – stolzer?

Immer zärtlichere Gedanken, die alle Landschaften überziehen. Er hat sie nie geschildert. Keine einzige Landschaft hat er geschildert. Die Landschaften waren seine Keuschheit.

Je mehr uns von den Tieren trennt, umso kostbarer sind sie.

Am tiefsten empfindet er *Demütigung*, die anderer wie seine eigene.

Welch ein Wort! Und wie darf es Demut enthalten?

Ein Pilz, zweitausend Jahre alt, ungeheuer wie ein Wald.

Wieviel Freundschaft man braucht, um einsam denken zu können.

Wie der sich sein Lob zusammensucht und verscharrt, und jeder findet es wieder!

Daß man die Dichter nicht kennen darf, *lesen*, aber nicht kennen. Warum nicht, oder welche nicht? Sind die toten Dichter darum die stärksten? Wäre ich Büchner am See begegnet, wäre es ein anderer ›Woyzeck‹ gewesen?

1993

Zitate, das Um und Auf des Geistes, aber keine mündlichen. Mündliche Zitierer sind subaltern und langweilen.

Er war im Mozarteum. Statt Singen hat er Keifen gelernt.

Es ist schwer, nicht den Lehren zu verfallen, die das Leben verabscheuen, die ihm jeden Wert absprechen. Aus der größten Gefahr für die Zukunft, in Jahrzehnten immer gefährlicher, ist man in eine unsäglich niederträchtige Gegenwart geraten. Im hohen Alter ist nun alles gesteigert da, was man am tiefsten verabscheut hat. Immer sprach man *fürs* Leben, es sollte länger und länger, es sollte ein ewiges werden. Man verdammte die, die entkommen wollten. Man verachtete die, die für leere Paradiese plädierten. Man schaute und hörte, man atmete: nie war es genug.

Jetzt ist der stockende Atem verpestet von nahem Mord. War die Kindheit Europa? In der Volksschule warst du, da rief es: Sarajewo! Heute, beinahe 80 Jahre später: Sarajewo! – Der Mensch ein Holzscheit, das sich selbst ins Feuer wirft. Halt ihn! Hol ihn heraus! Wer kann noch alles von ihm wissen? Vielleicht will es herausgeholt werden. Vielleicht brennt es aus *Erwartung.*

O wenn ich wüßte, ob ein einziges Wort zählt! Wie ich es halten und streicheln und liebkosen würde: ein einziges Wort.

Ablegen kann ich die Worte nicht. Ich könnte mich, wenn es sein muß, nackt zum Sterben hinlegen. Ohne die Worte kann ich's nicht.

Erfinden, nicht gestehen. Langweile der Geständnis-Tagebücher, wenn sie zu Begleitung werden. – Plötzliche, stürmische Geständnisse faszinieren (wenn sie nicht gespielt sind).

Er hinkt den alten Reisenden aus seiner Jugend nach. Noch staunen sie.

Das Wertvollste will wieder abnehmen, sonst verfault es.

Er weigert sich, an ›Eingeborene‹ zu denken. Waren sie nicht der Anfang von uns?

Der Zweifel greift weiter in die Vergangenheit zurück. Früher begnügte er sich mit Römern und Assyrern.

Jetzt haben es die *Meuten* dem Zweifel angetan. Diese gab es immer. Seit es Menschen gab, gab es Meuten. Selbst wenn es gelänge, Römer und Assyrer in uns auszurotten, die Meuten sind unwiderruflich.

Morde an Tieren und Morde an Behinderten konfrontieren. Ist es dasselbe?

Das Gefährliche der ›Hochzeit‹. Was an ihr wirkt, ist die *Roheit* des Gezeigten. Daß es zugrunde geht, interessiert niemanden. Zu lange, während Jahrzehnten, war man von Untergang bedroht. Daran hat man sich gewöhnt. Die Roheit der Hochzeitsgäste fasziniert als solche.

Milder? Es ist nicht wahr, nicht milder wird man im Alter, sondern sentimentaler. Man trauert schon allem nach, was man verlassen wird. Man gehabt sich, als wäre man selbst das Verlassene.

Vielleicht ist es ein hartnäckiges Gefühl des Zusammenhaltens, als könne einem durch Trauer besser gelingen, was immer schwieriger erscheint. Die inneren Verbindungen schwinden. Manche Härten lassen nach. Andere werden durch das Schwinden erst sichtbar.

Die Todesverliebtheit der Romantiker flößt mir Widerwille ein. Sie führen sich so auf, als wäre *ihr* Tod ein besonderer.

Auf Robert Walser gestoßen, unter vielem, unter hundert anderem: das Lebendigste.

Kafka erbleicht.

Ist Lebenshunger das Wort dafür? Lebt man um des Hungers und der Sättigung willen? Aber wie haben Asketen gelebt, die sich das Sattsein versagten?

Gäbe es ohne diesen Hunger ein reiches Leben? Der Augen, der Ohren? Ich sehe jetzt, daß Farben und Worte *für sich* mich erregen.

Vor fünfzig Jahren traf ich Vorkehrungen für den Fall, daß ich zu den Sterbelustigen überginge und es *sagte*. Aber das ist nie geschehen. Ich atme auf jeden Morgen. Ich atme tief im Traum. Was mir nah war, kehrt wieder und stellt seine Fragen. Ich suche sie nicht zu beantworten und frage wieder. Leute fallen mir ein, die noch da sein könnten. Wer bin ich, es ihnen zu verwehren. Auf und ab trippelt meine Fliege und fürchtet sich nicht. Sie stellt sich eilig, ich bin es nicht. Erzittern würde ich, sähe ich mit ihren Augen *mich*.

Die Langweile Gottes ohne uns Fliegen.

Maschinen sind nicht geheimnisvoll genug, um an sie zu glauben.

Im Traum Swift begegnet. Er war blödsinnig geworden und fragte nach dem Weg. ›Wie komme ich hier nach Brobdingnag?‹ Ich zeigte es ihm, er blieb stehen und sagte, er fürchte sich vor den großen Leuten.

Warum soll er sich nicht wundern über sich, wenn er *über alles* gestaunt hat?

Träge Gleichnisse.

Er sucht den Ort, wo ihm alle am Leben geblieben sind.

Nicht zuviel Richtiges behaupten.

Man muß sich fragen, wie man dieses Jahrhundert ohne seine Hoffnungen überstanden hätte.

Es begann für mich mit dem Balkankrieg (1912) und ist achtzig Jahre später (1992) in den Balkankrieg zurückgemündet.

Wie soll man das fassen? Untersteht das einem Gesetz? Es liegen doch zwei Weltkriege dazwischen.

Zu Balzacs Zeiten sind die Wissenschaften noch wie ein Feuer und brennen alles rein.

Zu unseren sind sie quälender Zweifel.

Vereiteln als Beruf.

Drohgebärden ganz schwacher Tiere gegen den übermächtigen Menschen. Wie du, aber gegen wen? Wenn ich wenigstens die Witterung *meines* Übermächtigen hätte! Ich habe nur das Nichts. Aber je deutlicher ich fühle, daß ich nur das Nichts habe, sonst nichts, umso mehr wehre ich mich gegen das Wort dafür: nichts, deutsch fast so unheimlich wie ›néant‹.

Bei ganz wenigen Dichtern nur bin ich zu Hause. Bei diesen so sehr, daß ich mich nach sechzig Jahren nicht von ihnen lösen kann. Sie sind zu Obsessionen geworden, aber unsäglich glücklichen.

Als unanständig gilt er, seit ein Buch von ihm gelesen wird.

Aber das stört ihn nicht, und er schreibt es wieder.

Psychiater und Lyriker: Weltkrieg seine Hoffnung. Von der Reaktion in Rußland felsenfest überzeugt. Aus dem letzten Weltkrieg macht er die Rache heute. Auch der Balkankrieg ist für ihn noch am Leben. *Alle* Türkenkriege bis zurück zum Amselfeld. Dieses bietet noch den Vorteil einer Ausrottung von Albanern. Jeder Feind hat seinen Sinn. Kein Feind ist unvergessen. Hunderttausendfache Gelegenheit zur Rache. Jeder Mensch hätte Grund, alle anderen auszurotten. Sind nicht alle gegen ihn?

Sag's ihm oder sag's ihm nicht, er hört es auf alle Fälle. Seine doppelzüngigen Ohren.

Was geschieht mit den Worten, die du *zu oft* gebraucht hast? Sollen sie sich von dir erholen?

Am höchsten stelle ich die, die ich suche, weil sie nichts mit mir gemein haben. (Pascal?)

Welche Geister liebt man so sehr, daß man es nicht wagt, alles von ihnen zu lesen?

Alle Orte, an denen er nicht war, halten ihn am Leben.

Die Wahrheit als glühender Nebel im Weltraum.

Flachgepreßte Worte, als Rüstung. Auf und ab darin, auf und ab: Philosophen.

Lyriker und Psychiater aus Montenegro. Baut auf den III. Weltkrieg. Beteuert, daß alle sich hassen.

Haßt seine Patienten. Zerstört ihre Stadt. Stolziert in Genf herum. Erklärt alle anderen zu Kriegsverbrechern. *Wird angehört.*

Der nicht jede Gelegenheit ergreift – damit beginnt der Mensch.

Kein Mensch, *kein einziger*, kann sagen, was für ein Jahrhundert kommt. Immerhin, es *kommt* eins.

Die paar eigensinnigen Männer, die das Weltbild bestimmt haben.

Ihre Ranküne. Sie gibt sich unerkannt weiter.

Briefe von solchen, die mir danken (denen ich also dankbar sein müßte), berühren mich wenig. Nie verläßt mich beim Lesen das Gefühl von *Austauschbarkeit.*

Die tiefe Abneigung Burckhardts gegen Napoleon tut mir wohl. Ich war noch nicht sieben, als ich diese Abneigung faßte, die *älteste*, die ich heute, nach achtzig Jahren, noch unverändert fühle.

Auf welche Quellen stützt sie sich bei Burckhardt? Auf Madame de Rémusat und Metternich, kultivierte Hof-Menschen. Aber B. beruft sich auf die entscheidende Äußerung Napoleons, die sich bei Metternich findet: ›nur dreißigtausend Franzosen hat er in der Grande Armée geopfert.‹ Das ist der *wahre Grund* für Burckhardts Abscheu. Es ist auch meiner.

Wie lächerlich wirkt Goethes Bericht über sein Gespräch mit Napoleon, wenn man mehr über diesen weiß!

Napoleon schmeichelt ihm als Kenner des ›Werther‹ und kommt darin auf einen Fehler.

Die Konfrontation mit der größten Macht des Tages ist fatal: ihre Zuwendung ist unwiderstehlich, selbst der größte Geist fühlt sich durch sie geehrt.

Wenn du einer Stadt huldigst, meinst du keineswegs ihre Macht. Im Gegenteil, du meinst, daß es ihr gelungen ist, sich einer Macht zu entziehen.

Man hat ihnen das Schnappen abgewöhnt. Aber es sind Fische.

Am Tisch, den sie fand. – Wird sie ins Zimmer treten? Wird sie sagen: Ich bin's. – Wo bist du gewesen? – Ich weiß es nicht. – Du bist wie damals. – Ist es denn so lang her? – Sehr lang und wie nichts, weil du da bist. – Ich geh, damit es länger bleibt. – Bleib! Bleib! – Nie. – Wo bist du? – Fort. – Zeig mir den Weg. – Es gibt keinen. – Die Tür! – ist geschlossen. – Du siehst sie. – Ich sehe nichts. – Siehst du mich? – Wer bist du?

›Bosniaken‹, so hieß es, in der Wiener Kindheit. Welcher Respekt war im Wort! Die Tapfersten, wie die Tiroler.

Ein halbes Jahrhundert später: Besuch in Sarajewo bei Meša Selimowitsch. Wie ein Schotte des Hochlands sei er, ließ ich ihm sagen. Mißtrauisch fragte er, was ich damit meine. Seine Frau bot uns kniend den türkischen Kaffee an. Seine Töchter kicherten im Vorraum. Er ließ mir sagen, daß man ihn mit Dostojewski verglichen habe. Ein sehr stolzer Mann.

Wo wäre er heute? In Sarajewo?

In allem siehst du Macht, beinah in allem. Und sagst leben, länger leben, immer.

Was ist es, das da nicht stimmt? Spürst du heimlich etwas, was nicht Macht ist und willst es finden? Brauchst du mehr und mehr Jahre dazu?

Der Bissige hält sich für sauber.

Durch Joubert ist er vor den Pointen gerettet worden. Was soll Witz, wenn man etwas zu sagen hat?

Er meldet sich an zum Unglück. Schaut niemand zu?

Und du sagst noch immer, daß du nichts weißt. Ist das nicht ein bißchen zu oft gesagt worden?

Alle Figuren, die er nicht aufgeschrieben hat, halten ihn am Leben. Er könnte es ja nachholen.

Ronald Syme, seine Legionärsmärsche allein. Durchs ganze Römische Reich marschiert, seine Heimat war Neuseeland.

Der Gedanke an Unsterblichkeit ist komisch geworden. – Er bedeutet mir um kein Haar weniger.

Assyrer, überall Assyrer, und die Propheten mitgeschleppt. Aber diese Assyrer heute haben eigene Propheten.

Aus der Dürre knarrender Behauptungen plötzlich Schüsse. Er erschrickt. Ist er auf einem Friedhof? Haben ihn Schützen bei Trauer wahrgenommen?

Es sind so viele Sonnen geworden, daß man sie schließlich alle mißachtet.

Was bedeutet dieses Mehr-und-mehr-Sehen, Millionen, Milliarden Welten, nach außen, nach innen?

Bedeutet es, daß wir nirgends sind, weil überall so *viel* ist?

Es gäbe keinen Flecken auf der Erde, der nicht einmal Friedhof war.

Es gäbe nur Mehroderweniger-Friedhöfe. Aber wie soll man das sicher bestimmen? Irgendwo will man schlafen, um irgendwo wieder zu erwachen, und Fremde auf ewig erträgt kein Tier.

Wir aber wissen's. Das macht es schwerer. Wie erträgt ein Mensch, was er weiß? Indem er's verteilt, unter alle, unter möglichst viele, die bürden es ihren Packeseln auf und setzen sich oben quer drüber.

Er pfeift auf dem ersten Loch. Das letzte war gleich daneben.

Siebzig Dichter in Sarajewo eingeschlossen. Ist mein Freund dabei, der Bogomilen-Kenner, dessen Namen ich nicht mehr weiß, der von einem Bogomilen-Fürsten stammte und davon sprach, als wäre es gestern, ein Feind der Katholiken und ein Feind der Serben, wie schien er mir damals skurril, und heute ist er, wenn er noch ist, einer von 380000, denen geschieht, was er mir mit stolzen Fingerbewegungen erklärte.

Wie verächtlich sich zu sagen, daß sie nicht nur nicht da ist, sondern auch auf keinen Fall da sein möchte.

Das kurze Glück, ein, zwei Jahre, hat sie übersprungen.

Jetzt fände sie sich wieder zurecht, trotz dem Wechsel in den Drohungen.

Heimkehrer als eine eigene Rasse von Menschen unter uns. – Solche, die zweimal leben müssen; andere dreimal; wieder andere nie (wo *sind* diese?).

Ekelhafte Erwachsene, als bezaubernde junge Geschöpfe hat man sie gekannt. Aber sie haben sich umgesehen, spät, und sind nun wie alle.

Der Langweiligste: Dr. Dr. Dr. Dr. Dr.

Der Durchschaute wurde alt und immer mächtiger und wußte, daß ein anderer da war, der auch immer älter wurde und ihn durchschaute.

Er läßt sich nieder, wo Menschen essen. Da lassen sie ab von ihm.

Der nur Berührungen fühlt, die sich nicht ereignen, der Traum-Berührte.

Wen töten? Von wem ermordet werden? Bosnien.

Die wühlen nur so in Gesinnungen. Da hast du dir's leicht gemacht mit deiner Obergesinnung. Sie enthält alles. Bedeutet sie noch etwas oder genügt es ihr, alles zu enthalten?

Manchmal leuchtet die Erinnerung. Manchmal ist sie bleierne Nacht.

Es muß einer sehr alt werden, bis auch die bleierne Nacht leuchtet.

Das Stöhnen der Marotten.

Hasse dich früher! Jetzt ist es zu spät.

Gespräche mit der ehemaligen Ewigkeit.

Schlafende Verhandlungspartner. Zwicken als Einverständnis.

Der Mann, der sich in ferne Orte kleidete. Jedesmal, wenn ich ihn wiedersah, stak er in einem anderen.

Auf einem Gebiet so groß wie Europa, wo vier Menschen lebten, fanden sie in einer Zwischeneiszeit zueinander.

Ein Gesetz, laut dem jede Wissenschaft auf einem gewissen Stand, den sie erlangt hat, stehenbleiben muß. Es gibt nur Mumien-Wissenschaften und solche, die es werden sollen. Der Fortschritt ist abgeschafft, von einem Punkt an ist er verboten.

Doch die Mumien verkehren untereinander.

Manche Geister in der Vergangenheit, um die man sehr warb. Warum sind einem solche unerträglicher geworden als andere? Doch sind die Unerträglichsten die, die um einen geworben haben.

Ein Mensch, der nicht weiß, daß die Worte *einzeln* sind, alles dazwischen ist unerheblich und der Gegenstand höchstens von Philosophie.

Soll ich Leute bewundern oder auch nur ernstnehmen, die ein ganzes Zeitalter oder mehrere zu beherrschen wünschen und darum zu Philosophen werden? Sie sind daran zu erkennen, daß sie zuallererst das Ende aller bisherigen Philosophie, aller Philosophie überhaupt erklären.

Ich spreche nicht mit mir selbst, obwohl ich heftig schreibe. Mit wem spreche ich?

Es gibt Beschränkung auf Tote. Es gibt Öffnung durch Tote.

Das Erste ist furchtbar, es hat zu allem Unglück geführt.

Das Zweite wird die Welt durch Erbarmen retten.

Soll man sie verehren, die man nicht gekannt hat?

Soll man sie verehren, *obwohl* man sie gekannt hat?

Daß du Leute nicht in Distanz halten willst. Du bist ihnen anfangs zu gut gesinnt.

Wenn du die Distanz beseitigt hast, setzt dein Mißtrauen ein.

Das Beste, das Reichste, das Wandelbarste, das Ergreifendste ist das Verhalten zu einem Menschen.

Hegel über die Matthäus-Passion:

›Dieser Hegel nun sagt, das sei keine rechte Musik; man sei jetzt weitergekommen, wiewohl noch lange nicht aufs Rechte.‹

Aus Zelters Brief an Goethe, vom März 1829. Nach der Wiederholung der Matthäus-Passion.

Waisenkinder – alle, die auf Gorbatschow gebaut haben, die halbe Welt, die ganze. So stark habe ich während Jahrzehnten an niemanden geglaubt, meine ganze Hoffnung auf ihn gesetzt, für ihn hätte ich gebetet (mich verleugnet).

Aber ich schäme mich dessen gar nicht.

Ich sage gern ›Goethe‹. Warum? Ich hätte ihn nie gern besucht und vielleicht auch außerhalb seiner Sammlungen nicht gern gesprochen. Nenne ich seinen Namen, weil er der *weiteste* ist und ich für mein Leben gern weit gewesen wäre – ich bin aber nur fanatisch, das war er nie, vielleicht nenne ich ihn, weil ich mich vor ihm schämen möchte.

Immer schreibt er ›Haß‹ und scheut dann – zu spät – vor dem Wort zurück, ohne das er nicht auskommt.

Wie wichtig es ist, nicht *zuviel* zu lesen, wenn man etwas macht, und vor allem: nicht zuviel auf gleiche Weise, unter den gleichen Umständen. Das eben ist das Unglück des akademischen Geistes: es setzt sich als oberste Regel. Es kann dann alles daraus werden, aber erst geht es durch die oberste Regel. Damit ist es schon kastriert. Was herauskommt, kann nicht *gezeugt* sein, es entsteht durch Wiederholung aus sich.

System-Verfallenheit der Franzosen. Lévi-Strauss und die Mythen. Sie werden zerschnitten und so umgegliedert, daß sie unwirksam werden. Dieser Prozeß der Zerstörung von Mythen gilt als Mythen-Forschung.

Wie kann ein Mensch, der tausend Mythen geschluckt hat, nicht wissen, daß sie das *Gegenteil* von System sind?

Das Unternehmen Lévi-Strauss' ist mir so rätselhaft, das Sich-Wälzen im Akademischen von einem, der mit Mythen überfüttert ist – kann man sich etwas Hoffnungsloseres vorstellen? Ich versuche es durch Lektüre der Gespräche mit ihm zu begreifen.

Lévi-Strauss sagt, daß er erfüllt war von Mythen, berauscht von ihnen schon am frühen Morgen, mehr und mehr Mythen, während Stunden und wieder Stunden und Tagen und Jahren. Es klingt wie hingerissen, wie eine Erinnerung an wahrhafte Erlebnisse. Dann erfährt man, daß er von Jugend auf Wagner geliebt hat und Wagner von Einfluß war auf seine Behandlung von Mythen. Ihr Auseinandernehmen, die Wiederaufnahme und Wiederholung bestimmter Teile vergleicht er mit Wagners Leitmotiven. Das ist an sich schon zweifelhaft genug. Aber er vergißt auch zu erwähnen, daß Wagner während Jahren mit einem einzigen Mythus beschäftigt war, während er, Lévi-Strauss, Hunderte von ihnen aneinanderreiht wie in einem Herbarium.

Und das ist das Einzige, womit man seine Methode vergleichen kann, mit Pressen von Blüten für ein Herbarium. Eins ums andere hat er ins Buch eingeklebt, sie werden geordnet, nach Gattungen und Familien.

Um solche Ordnungsprinzipien geht es auch ihm. Wohl erfindet er einige simple Gegensätze wie roh und gekocht usw., mit Hilfe deren er seine Ordnung aufrichtet. Aber was bleibt vom Mythus selber?

Nicht einmal das dünne Erlebnis des Forschers, als er an einem einzigen Morgen vielleicht gleich zwei Dutzend von ihnen aufnahm. –

Sein eigentliches Leben sind aber Institutionen. Der Drang ins akademische Leben ist unwiderstehlich, er mündet ins Collège de France. Die Lokalität, in die er so gelangt, das Institut, ist baulich bestimmt: eine der ältesten und ehrwürdigsten Institutionen Frankreichs.

Sein erstes und eigentlichstes Forschungsgebiet sind die Verwandtschafts-Systeme. Es gibt kaum etwas anderes. Aber sei's drum: die Arbeiten der englischen und amerikanischen Anthropologie haben es ihm angetan, und das Interesse an seiner weitverzweigten jüdisch-französischen Familie scheint in ihm immer wachgeblieben zu sein.

Das ganz Erstaunliche ist die Verbindung, die zwischen diesem früheren Arbeitsgebiet und dem späteren über Mythen besteht. Es scheint ihn nicht irregemacht zu haben, daß er für beide dieselbe Methode verwandt hat.

Seine Zerstörung des Totemismus schließlich, wie immer man darüber denkt, entspringt seinem absoluten Ordnungsbedürfnis. Das wäre präziser zu erörtern.

Am meisten verdankt er Jacobsons Sprach-Strukturalismus. Er bietet ihm die Entschuldigung für alle Ausdörrungen, deren er sich schuldig macht.

Er nennt unter seinen Freunden André Breton und einen guten Teil der Surrealisten. Es ist nicht leicht zu sagen, was sie zu seinen Gespinsten beigetragen haben, vielleicht eine Geringschätzung *anderer* Gespinste. Das wären dann, wohl gegen seine Absicht, auch Mythen.

Der Widerstand, den ich immer gegen Lévi-Strauss verspürte (ohne mich ernsthaft mit ihm zu befassen und obwohl mir sein Antagonismus gegen Sartre gefiel), hat sich jetzt erklärt: er ist zeitlebens ein Schüler Richard Wagners geblieben, auf dem empfindlichsten Terrain des *Mythos*. Es ist beinahe unfaßbar für mich, daß jemand, der sich zwanzig Jahre mit Mythen beschäftigt hat, *diese* Abhängigkeit gesteht.

Zurückbleiben, immer, nie mit dem sein, das gerade gilt. Die verspätete Wirkung ist alles, das nachträgliche Einholen der Zeit.

Er sprach niemanden unter vier Augen. Er wollte seinen Besitz bewahren, nicht vermehren.

Alles Unglück, das einer angerichtet hat, glaubt er vergessen zu dürfen, wenn er sich der Gegen-Meute anschließt. – ›Bekehrte‹.

Er achtet ihn zu sehr, um ihn kennen lernen zu wollen. Er will sich in seiner Achtung nicht stören lassen.

Der zornige *alte* Mann, sei's drum, das hat es schon lange nicht gegeben, auch der Zorn mußte sich an ›jung‹ halten.

Post-etwas: kläglichste Bildung. Etwas, das nichts weiß, nur daß es *nach etwas* sein will.

Den Mund halten und nicht verstummen. Die Quadratur des Geistes.

Muß man ein Wort mißbrauchen, um es zu entdecken?

Er möchte so alt werden, daß keine Frau ihn in der Vorstellung erregt. Er möchte *unparteiische* Kenntnis auch des anderen Geschlechts.

Man kommt um *dasselbe* nicht herum, Vieles gehört nicht dazu, aber dafür ist es dasselbe, immer dasselbe, und das wohl war es, was mich in jungen Jahren am Wahnsinn fasziniert hat: daß es gar nicht viel ist, aber dieses Wenige wird man nie los, es wiederholt sich und wiederholt sich mit zunehmender Kraft, bis man aus nichts anderem mehr besteht, alles übrige ist versickert und verbirgt sich im Untergrund des herrschenden Wahns.

Hat eine bittere oder eine zornige Zeit für dich begonnen?

Du ziehst Konsequenzen aus *alten* Demaskierungen, Dinge, die dir lange schon klar waren über bestimmte Menschen, gewinnen plötzlich eine ungeheure Virulenz.

Du gibst dich dem Zorn hin. Er belebt dich. Darf man sich auf Kosten anderer beleben lassen? Selbst wenn man im Recht wäre, was nicht der Fall sein kann – erlaubt man sich nicht etwas, was in die Richtung des Überlebens geht, in die verwerflichste aller Richtungen?

Jene chinesischen Prüfungskandidaten, die Dichter wurden, weil sie durchgefallen waren. – Von aller Vergangenheit das, was er am liebsten gewesen wäre.

Nichts bin ich losgeworden, an das ich je geglaubt habe. Es hat sich alles nur addiert.

Die Glücklichen, die ihr Altes zum Fenster hinauswerfen können. Denen ist leicht zumute, selbst wenn nichts von ihnen übrigbleibt.

Auch an den Ort der falschen Verehrung kann ich nicht mit Haß zurückdenken. Nur die, die nie verehren konnten und nie verehren werden, erscheinen mir tot wie Steine.

›Ritus‹ sagt er und verbeugt sich nach allen Seiten.

Wenn Mythos nicht dieses griechische Wort wäre – wäre es dein beinah einzig Unangetastetes geblieben?

Was *bindet* dich an die Mythen? Warum kannst du dich – ohne eine Regel für sie zu suchen oder gar zu finden – an ihnen nicht ersättigen? Was macht ihr Leuchten aus? Was ihre unsägliche Einfachheit? Was ihre Unzerstörbarkeit und den Raum, den sie immer enthalten? Sie sind biegsam, aber unveränderlich. Ihre ›Varianten‹ täuschen. Sie gehen nicht auf Grundgesetze zurück, sondern die Grundgesetze auf sie. Wenn sie grausam sind, lernt man an ihnen Distanz. Wenn sie leidenschaftlich sind, erlernt man an ihnen Liebe. Kümmerlich sind wir, die wir von ihnen übrigbleiben. Niemand ist noch alt genug geworden, um einen einzigen von ihnen zu erschöpfen. Frösche, ihre Erklärer, mögen quaken, vergeblich.

Die Unangepaßten sind das Salz der Erde, sind die Farbe des Lebens, sind *ihr* Unglück, aber unser Glück.

Da saß einer da und gefiel mir. Auf seinem Gesicht keine Berechnung, aber ein milder Wille. Als er zum Gehen aufstand, betrachtete er mich mit dem Wohlgefallen, das ich für ihn hatte. Er war groß und gebückt von Freundlichkeit für Leute. Wem er geholfen hat, werde ich nie wissen, vielleicht sind's viele. Er lächelte, als wir uns ins Gesicht sahen, er grüßte. Aber er sprach nicht zu mir. Solche, die ich mir wünsche, sprechen mich nie an. Sie sehen, daß ich schreibe, lächeln leicht darüber, weil sie an etwas Gelesenes denken, und gehen ihrer Wege.

Ein Mensch, von dem man jede Regung vorausfühlt, drei Jahre bevor er sie selber hat.

Ich glaube, es ist die eigentliche Berufung von Juden, ihr Sinn, ihre Herkunft zu bekennen, sie nie zu verleugnen, wohl aber dem Glauben zu mißtrauen, der sie bis heute unter Pein bewahrt hat.

Die Angst eines Tieres so kennen, als hätte man sie von *innen* erlebt.

Vielleicht ist eben diese Angst die *selbe*.

Die Erfahrung mit *einem* Menschen genügt für hundert Jahre. Man wird auch dann mit ihr nicht fertig.

Da findet einer, daß es früher besser war, kleinere Massaker, Explosionen noch in spe.

Lieber dahin zurück, sagt er, *trotz uns als Zukunft*.

Warum *schämt* man sich so sehr für die Russen? Weil es alles umsonst war und sie's wissen?

Ihr kluges Gesicht, sie möchte dich so gern fragen. Du siehst finster drein, du möchtest so gern gefragt werden.

Man mag der Griechen müde sein. Aber wie müde wären sie unser!

Was in der Zeitung steht, interessiert den nur, wenn er es selber sagt. Warum soll er einen *anderen* Zeitungsleser respektieren?

Alle Mathematik-Blinden wie du – was wissen sie noch von der Welt?

Die Griechen! Die Griechen! – Warum die Griechen? Bloß weil noch von ihrer Sprache Reste da sind? Oder als notwendige Zwischenstation zwischen den Ägyptern und uns?

Vielleicht weil ihre Überreste so vieldeutig sind.

Vielleicht auch weil sie grausam sind wie wir und doch zivilisierter.

Auch in der kunstvoll herbeigeführten Verlassenheit wird man nicht besser.

Nietzsche-Gesprächigkeit.
Mit welcher Anmaßung hat er tausend Nullen versehen!

Er weiß, es ist alles in den Wind geschrieben. Aber man schreibt um zu atmen.

Sobald eine bestimmte Anzahl von Göttern erlangt sei, habe sich die Menschheit erschöpft.

Was einen an Darwin anzieht: sein Aussehen wie ein australischer Eingeborener.

Alle Theorien der Sprache bis zum heutigen Tage können ihr nichts anhaben.

Und wenn es sich herausstellt, daß Begeisterung menschenunwürdig ist wie Blutgeruch?

Gewiß, Erinnerung ist alles, aber ist sie nicht schändlich gegen die, denen sie gilt und die nicht an ihr teilhaben?

Er kam mit gefalteten Händen zur Welt und betete zur unbekannten Sprache.

Mitleid mit Geschützen.

Und wenn die Tiere uns doch noch loswerden sollten?

Der All-Liebhaber, sein Ekel, wenn ihn ein Finger berührt.

Sie sagt sich von ihren Haaren los, schneidet sich die Seele ab und verkümmert.

In allem, was ich über Tiere gesagt habe, komme ich mir wie ein Schwindler vor, weil ich so wenig mit ihnen *erfahren* habe. Ich habe die Mythen über sie verschlungen, und manchmal habe ich Tiere *angesehen*, nie mehr, aber ergriffen, als wäre ich in einem der alten Verwandlungsmythen.

Sonst war es nichts. Ich habe mich nie über Jahre einem Tier angeschlossen. Meine Scheu davor war zu groß. Wenn es etwas Göttliches in meinem Leben gegeben hat, so war es diese scheue Verehrung für Tiere.

Was hätte Moses mit all meinen goldenen Kälbern getan? Hätte er mich wie einen Ägypter erschlagen? Mich verdammt und verbannt? Meine Tiere vor mir geschlachtet und sie Opfer genannt?

Was gäbe er dafür, die schwachsinnigen letzten Jahre *Swifts* zu kennen!

Sie übergab ihm ein Lexikon ordentlicher Gedanken.

Das ist es, was dich von Menschen heute unterscheidet: eine maßlose Pietät.

Gier auf entwischte Buchstaben.

Entfesseltes Lexikon.

Er möchte sie vergessen, die souveränen Herren des Geistes, aber immer noch mischen sie sich in alles ein.

Wenn man wirklich *empfinden* könnte, was man von außen erfährt – man wäre zu keinem Atemzug mehr fähig.

Es ist ein *anderes* Entsetzen, das die außer uns überfällt, es ist ein anderes als das eigene.

Im Alleinsein ist man zum Schein grausam gegen die anderen, am grausamsten gegen sich. Aus Angst um andere wütet man gegen sich.

Was ist schneidender: der Tod oder die Zeit ohne Schmerzen danach? Und warum sorgen die Glaubenslehren so beflissen für schlimmere Schmerzen danach?

Ich sehe nichts. Ich bin da. Wer sieht mehr? Wer vermag es, mich mit dem, was er sieht, zu beruhigen?

Immer habe ich gefürchtet, ganz jung schon, daß es in Sinnlosigkeit enden könnte. Immer habe ich mich davor gewarnt, mich und andere, die davon erfahren könnten.

Aber wer hätte geahnt, daß Warnungen zu Prophezeiungen schrumpfen müssen, daß eben das ihre innerste Natur ist.

Wie sinnlos all diese Abwehr jetzt! Wenn es noch draußen anders aussähe! Aber es scheint schlimmer und schlimmer. *Was* ist es, das man retten will? Die teuflische Menschennatur, die immer teuflischer wird?

Das Stärkste, das Wahrste hat er zu Anfang gesagt. Seither *geschah* es, aber schlimmer. Er selbst wurde milder, milder und milder, und was in Wahrheit geschah, wurde schlimmer, schlimmer und schlimmer.

Genug. Du änderst nichts. Du verhinderst nichts. Du bist weniger als eine Eintagsfliege, weniger, weil du es *weißt*.

Schreib dir's von der Seele, sie bläst sich zu sehr auf.

Der freie Mann verteidigt sich und greift darum andere freie Männer an.

Für die Kinder, die durch Vergewaltigung dabei entstehen, sorgt der Heilige Vater.

Wie sie wuchs und wuchs, die Macht des armseligen frühen Menschen, bis sie zur Allmacht wurde, die alles ausrottete, auch sich.

Während ihrer mehr und mehr werden, verzweifelt mehr, predigt er: nicht einer, nicht ein einziger darf verloren gehen, jeder soll leben, für immer.

Ist es auch nur ein Einziger wert, für immer weiter zu leben?

Dazu äußert er sich nicht. Darüber hat er keine Meinung.

Fremde Sätze – unerträglich, bis man sie *geträumt* hat.

Aus Büchern, die er nicht leiden kann, erfährt er mehr. Der Zwang, sie hinzunehmen, stachelt auf zu unerwarteten Gedanken.

Auch Spontaneität nützt wenig. Dem Menschen nützt nichts. Was ist es, das im Menschen falsch *angelegt* ist?

Verfolge einen Gedanken sieben Sätze lang. Wenn das gelingt, läßt er sich weiter verfolgen.

Zum höchsten Selbstzweck wird sich einer im Mißtrauen. Er fühlt sich veranlaßt, jede Pore von sich zu schützen. Außer ihm ist nichts in der Welt wichtig. Die Welt besteht aus ihm. Sie ist ihm so nah, daß er sie übersieht. Es kann ihm nichts von ihr entgehen, er weiß, wo sie gefährdet ist. Wenn er das Geringste von ihr aufgibt, gefährdet er alles.

Die *Einheit* dessen, der sich seinem Mißtrauen überläßt, ist sozusagen der Lohn für seine Qualen.

Es ist diese Einheit, was der zerfallende Mensch am meisten begehrt.

Es ist entsetzlich, das zu hassen, was sich nicht wehren kann.

Darf es Erbarmen für alles geben, für Stalin, für Hitler? Darf das Wunderbarste, Erbarmen, mit dem Abschaum *solcher* Hartnäckigkeit infiziert werden?

Erbarmen mit den gestürzten Mächtigsten? Das darf nicht

Erbarmen heißen. Das ist verächtlicher Gehorsam vor dem *Bild* der Macht, selbst wenn sie nicht mehr besteht.

Wenn die Geschichte sich um ›Gerechtigkeit‹ bemüht, holt sie sich einige Maskeraden Stürzender zu Hilfe und legt sie ihnen rasch um. Sind sie's dann noch, die Stürzenden? Verwandeln sie sich nicht in Schutzbedürftige, sie, die nie für solche Respekt gehabt hätten?

›Macht‹ habe ich gesagt. Wie oft, wie oft! Hab ich sie auch nur so häßlich gemalt, wie sie ist? Hab ich ihr ein Tausendstel ihrer Anziehung genommen?

Am meisten sorgen *Machthaber* für ihre Unsterblichkeit.
So bleibt einem nichts übrig, als sich dessen zu schämen, was man für sich begehrte.

Immer wenn er in die Nähe von Machthabern gerät, kommt er sich ermordet vor.

Woran mißt du, was Besserung wäre, wenn alles immer schlechter geworden ist?

Was man einer Nation nicht zumuten darf. Allen anderen ja, ihr nicht, nur ihr nichts.

Die Geschlechter steigern sich in der Vergangenheit, bis man den Riesen des Ursprungs nennt.

Er ist zu alt, um noch auf irgendeinen Ursprung zu stoßen.
Er hat die Geschichte zu lang und zu konsequent gehaßt.

Wie glücklich sie sind, wenn sie an Tieren menschliche Schliche finden, wie stolz!

Ich kann die Gerissenheit des armen B.B. nicht vergessen, der nur ein schlauer B.B. war und dafür das edle ›listig‹ einführte. Es war edel, weil es der ›List‹ der Geschichte entstammte, einem der zweifelhaftesten Gebilde Hegels, das darum beliebt und gebräuchlich wurde.

Es paßte dem armen B.B. in seinen Kram, der alles durfte, was listig war, und es zu Lebzeiten weiter brachte als Shakespeare.

Das Wort, früher das Keimwort des Ersten Weltkriegs und jetzt das Endwort des Jahrhunderts.

So war die Atombombe überflüssig. Es hat von selbst gereicht. Nicht aus dem Osten kam das Unglück. Es kam aus dem alten Österreich.

Solange du nichts vergißt, bist du da. Solange du nicht wegsiehst, bist du da. Solange du dich nicht davor beugst, bist du da, nicht ein Vorbild, aber ein Bild des Menschen, der zu nichts Unmenschlichem genickt hat.

Wenn die Niedrigkeit der Vernichtung nicht alles überschwemmen soll, muß es auch solche geben, die zu ihr Nein sagen, ohne um sich zu klagen.

Die Last der verschwendeten Ideale, Waggonladungen voll, gefährlich wie Waffen.

Besprechungen im nächsten Jahrhundert. Er kann vorher nicht fort.

Von keinem Namen verbittert, dem vertrauend, der mit Engeln sprach, Freund des Erzengels Gabriel, deinen Namen, nur deinen, sag ich: BLAKE. Von Englands Bevölkerung, die meine Erinnerung bedrängt, der Einzige, das Einzige, das mir geblieben ist, denn ohne Liebe und Anbetung kann ich keinen Augenblick leben. Während die Finsternisse sich ausbreiten, soll sein Licht mich erleuchten. Er sagte, was er sah, nie sagte er anderes, aber er ritzte es mühselig ein und nährte sich, seine Frau, von dieser schweren Arbeit.

Er kommt mir immer wieder in den Sinn. Seit Monaten wischt er England in mir beiseite. Noch liebe ich dort die Friedhöfe um alte Kirchen, und er, er ist es, der dort liegt. Die anderen, Namen und Jahre, vergehen, er liegt immer dort und blickt mir von überall entgegen.

Darf ich erfinden wie er? Darf ich denn glauben wie er? Spricht mir die Bibel englisch? »Jerusalem«, dieses Wort, welche Stadt ist wie von ihm erhoben worden?

Zwei Menschen sah ich mit seinem Blick, sie saßen neben mir, ich hörte sie ohne zu hören, sie erhoben sich, die weißhaarige Frau stand aufrecht vor mir, ich sah ihr ins Aug, sie zögerte, der Mann, klein und gebeugt, ging nach ihr an mir vorbei und nickte.

Ich habe ihn genannt. Ich habe nichts mehr zu sagen.

Welche Kraft des Beschwörens schlummert in jedem. Zu selten hab ich ihr nachgegeben. Allen Witz der Welt und den halben Geist gebe ich für eine Zeile dessen, der Engel sah und Erfindungen verdammte.

Ein Gedächtnis in Verwirrung bringen und dann entwirren.

Deine Neugier nützt niemand. Es wird nur noch gespeichert werden.

Manche liest man, weil sie einen ärgerlich an das erinnern, was man selbst nicht gedacht hat.

Verschwunden, du? Unvorstellbar. Auch Absichten leben.

Sobald einer seine Zeit verlassen hat, sei es durch Übelwollen, sei es durch Neugier, wird er verdächtig.

Wenn es verzweifelter Ekel ist, heißt er Prophet.

Gedanken, die durch Zerbrechen von Sprache entstehen – gültig nur, wenn sie das Zerbrechen hinter sich lassen.

Das Zerbrechen selbst ist eitel und zu einer leeren Tradition dieses verflossenen Jahrhunderts geworden.

Der Atemlose, der seine Prosa schreibend schluckt. Der Wievielfache, der im Gang sich verzweigt. Der Häßliche, der Häßliche vorschützt. Der Behütete, der in den Tumult schreit. Der Vorwurfsvolle, der behütet andere richtet.

Die alten Reiseberichte, wie sie immer unglaubwürdiger, immer phantastischer, immer herrlicher werden.

Es kann nie mehr solche geben. Sie werden immer einzigartiger, aber man kann sie alle zusammen lesen, wieder und wieder, während sie sich vor einem entfalten. Sie wachsen, jede einzeln, bis sie zur einzigen Reise werden.

Sind wir mit ihr, mit ihnen zu Ende gegangen?

Das Grab Büchners, das er schließlich fand, ist veraltet: es beruft sich auf ›Dantons Tod‹.

Jetzt, nach Woyzeck und Lenz würde der ganze Zürichberg als Büchners Grab nicht ausreichen.

Über den Kult der viel zu früh Gestorbenen soll man sich nicht wundern. Man ist ihnen ihre unterschlagenen Jahre *schuldig.*

Damals war ich fasziniert von der Kraft und Gefahr paranoischer neuer Welten. Ihre Gefahr habe ich noch unterschätzt, denn manches Ähnliche war in mir am Werke, das sich dem Staunenden darbot.

Seit August 1945 wußte ich, daß wir verloren sind. Doch stieß ich immer wieder dieses Wissen von mir, alles Denken hätte sonst ausgesetzt, und das hätte einer, der sich fürs Leben verpflichtet hält, nicht ertragen. Ich nahm die kleinsten Kleinigkeiten dessen ernst, was zum Dasein gehört, und hoffte durch Fülle die Gefahr zu verscheuchen.

Sie ist durch Fülle größer geworden.

Ausgraben, ausgraben, hat nicht einmal alles Ausgraben etwas genützt?

Jeder Kleinste droht mit Atombomben, als trüge er sie in der Tasche mit sich herum. Jedem Kleinsten, der das Wort auch nur *ausspricht*, sollten die Zähne eingeschlagen werden.

Was man in der Erde noch gefunden hätte! Ungeahnte Prähistorie! Zwischen-Tier-Zivilisationen!

Es sind die am besten dran, die das längst Bestandene neu ansehen und in ihrer persönlichen Anordnung kreuz und quer bedenken.

Zu sicher sind sie nicht, sie hüten sich vor Gesetzen. Voraussagen liegen ihnen nicht, sie klingen ihnen unwahr und treffen nicht ein. Es ist, als möchten sie sich nicht mit ihnen beschmutzen.

Aber wenn nichts geschieht außer Betrachtung, dürfte auch nichts entdeckt werden. Die Entdeckung *ist* auch Voraussage. Gierig wird nach ihr gegriffen als *allernächste* Zukunft. Das Spätere soll sich ergeben. Doch es ergibt sich viel mehr.

Wer die Entdeckung nicht fürchtet, ist sie nicht wert.

Vom Menschen, dem Furchtbaren, ist alles angesteckt.

Wer fragt noch unnütz? Wer *will* nichts von der Frage?

Aus der erbärmlichsten Wehleidigkeit hat sich in hundert Wiederholungen ein ganzes Werk ergeben.

Für jede Kränkung läßt er 10 000 Leser erschießen.

Th. B.

In einer Lebensgeschichte soll es auch viel zu rätseln und zu erraten geben und die vermeintlichen Lösungen sollen auch fehlgehen können. Es soll manches so angelegt sein, daß es für immer verborgen bleibt. Alle anmaßenden und fälschenden Eingriffe sollen sich der Lächerlichkeit preisgeben. Eine

Lebensgeschichte ist geheim, wie das Leben, von dem es spricht. Erklärte Leben sind keine gewesen.

Lächerlicher Mensch: der Tod hat sich in uns eingefressen, und du willst unseren Geist von ihm befreien?

Aber es kommt darauf an, daß man dabei *bleibt*, selbst wenn man 100 Jahre alt werden würde. Es kommt darauf an, daß man die anderen wie sich nie über den Tod *täuscht*, nie schwach vor ihm wird und selbst in Schmerzen ihn *moralisch* verabscheut.

Obsessionen, die einen Menschen *ganz* machen, ihn stützen wie ein Knochengerüst, das man ihm nie entnehmen kann. Obsessionen selbst gegen die Einsicht aller, obwohl man ihre Sprache spricht, allem scheinbaren Unsinn zum Trotz *verständlich* bleibt, unerschütterlich, aber auch unerschütterlich klar. Mehr kann man nicht von sich verlangen, weniger wäre erbärmlich.

Ungeheure Strafen müßte es geben für solche Sieger.

Welche Entmutigung für alle, die je angegriffen werden, wenn Menschen wie die Moslems in Bosnien sich wegen ihrer *Namen* ängstigen und verbergen müssen.

Einmal, zur Zeit der Türken, waren es Sieger-Namen. Heute die Namen der Opfer.

Über die europäischen Mächte, die eine Aktion Amerikas verhindert haben, möchte man sich *erbrechen.*

Manche Worte folgen einander auf Befehl. Andere sind am Ersticken.

Eine Sprache, die man liebt, wegen einer anderen.

Es gibt eine Heuchelei der Ich-Behauptung, die alle anderen kühn bellend ausschließt, bis sie ganz allein ist und zum Schluß am Hals eines geschlagenen Pferdes weinend zusammenbricht.

In der Tram: Betrachtung von Sitzenden und Stehenden unter langsamer Bewegung. Langsam und nahe genug, durcheinandergeworfen, nicht bedroht und nicht geängstigt, mit unterschiedlichen Zielen, die man nicht kennen kann, während man sie betrachtet. Alle diese Ziele sind ihnen bewußt, keines ist ihnen anzusehen. Es ist, als würden sie öffentlich vorführen, wie geheim ihre Ziele bleiben. Sie verraten kaum Abneigung oder Zuneigung gegen die, die der Zufall in ihre nächste Nähe gebracht hat. Sie merken selten, daß man sie betrachtet. Wenn sie plötzlich aufstehen, haben sie ihr Ziel verraten. Das Geständnis ist wie die Belohnung für das früher verhaltene Geheimnis.

Man braucht das ganz Alte, um *besser* über das Neue zu staunen.

Vorurteile sind dazu da, ihrem Inhaber durch Fälschungen zu schmeicheln. Aber wenn schließlich nur die Fälschungen übrigbleiben?

Es könnte sein, daß etwas von dir nur darum bleibt, weil Massen in der Richtung deines Entsetzens weitergewachsen sind.

Wie Viele sagen noch ›Dialog‹. Ach, sie wissen nicht, daß es besser ist, den Mund zu halten und verzweifelt zu *sich* zu sprechen.

Verdienst von der Einbildung trennen; sehr schwer. Verkehr mit berühmten Leuten ist darum eigentlich unmöglich, es sei denn, ihre Leistung hat nichts für einen zu bedeuten. Die Maske des Berühmten *verdeckt*, was er getan hat. Wer sie ihm herunterreißt, aus redlichen Gründen der Erkenntnis, weckt seine Feindseligkeit: er wird abscheulich. Wie *kann* dieser Mensch vollbracht haben, was man ihm zuschreibt?

Es ist am besten, man bleibt denen fern, die man für etwas

Gültiges bewundert. Wem es um Einsicht in Ruhm zu tun ist, der kann sich mit solchen befassen, die für Lappalien berühmt sind.

Was ist es, das einen an den Geschichten der Heiligen so besänftigt? Die Entferntheit der Qualen?

Keineswegs ist es einem unerträglich, daß sie verzeichnet werden.

Denken ist lustig, wenn es nicht rechts und links, oben und unten, vorn und hinten gestutzt wird.

Immer-rascher-Schwätzer, seine Lehrzeit in Zeitung und auf dem Katheder. Sein Gegenstand: ein Strom und die Literaturen an seinem Lauf. Je langsamer dessen Fluß, um so rascher das Geschwätz.

Ist es denn unerschöpflich, dieses England? Haben seine Dichter es so sehr in der Welt gegründet? Alle meine Mißgriffe und Irrtümer, alle maßlose Verschwendung mit Menschen kehrt wieder, wenn ich an England denke.

Die Beziehung zwischen Religion und Macht ist intimer und vielfältiger in England. Welche Sekten! Welche Kolonien! Welche Menschlichkeiten! Sklavenhalter und Quäker. Eliot und Blake. Es wäre genug für die ganze Erde. Drum ist es Amerika geworden.

Beobachtung langweilig? Nie! Langweilig ist das Verzeichnen.

Warum verständlich? – Scheu vor selbstsüchtigen Rätseln.

Was Massen sind, weißt du. Wen bezichtigst du?

Was für destillierte, kalte, zerstückelte Philosophielehrbücher hat man jung gelesen! Durch die Sprachlosigkeit ihrer

Verfasser wurde jederlei Philosophie zur gleichen. Man hätte überhaupt nichts lesen brauchen. Man war zu Ende derselbe wie zu Beginn. Man strauchelte nie, man las herzlos weiter. Es war, als hätte man Gott die Hand geschüttelt, freundlich, was weiter.

Wie schlugen dagegen die Vorsokratiker ein, ihre wirklichen Fragmente! Das wurde durch keine Erklärung entmannt. Das blieb staunenswert, unglaubwürdig, erschrekkend, vernichtend. Kein Satz zu fromm, selbst wenn er zur Beschwichtigung gedacht war. Pietät kam als Blitz, nicht als sanfter Regen. Das blieb verstörend, das verwand man nie. Nicht viele Namen, aber alle wie Dolche.

Den stört niemand. Er sitzt da zum Schein. Er beteuert nichts. Er schweigt. Er hat kein Netz, er ist keine Spinne. Er staunt, über Räder und Farben, Güter und Luft. Verstummt ist er, wann? Wer kennt seine Hand? Nie zu sättigen das Aug. Alle Laute verklungen.

Ich fürchte mich vor der Pietät, aus der ich ganz bestehe.

Dort darf man keinen *zurückrufen*. Wer seinen Namen unerlaubt hört, bricht zusammen und gibt den Geist auf.

So alt wie der Rüssel seines Elefanten. So gefährdet wie sein Stoßzahn.

Hätte ich mich gegen Plato so wehren müssen, wenn ich genug an Lykurg gedacht hätte?

Du bist dein letztes Wort über Nietzsche schuldig. 1938, vor 55 Jahren, hast du es, noch in Wien, angekündigt. Es hat sich, seither erst, *gebildet*. Vielleicht ist dieses letzte Wort überholt. Umso besser. Seine Bildung hat dich getragen.

Von den Menschen, die Gedanken erbrütet haben, kann ich nie absehen. Aus Diogenes Laertius ist Nietzsche gezeugt, aus Richard + Cosima ist er geboren worden. Viele gute Geister sind dabei eingeflossen. Auch sie sind er. Aber immer ist das andere da. Der *Wahn* ist eine Infektion durch diese beiden.

Warum soll einer nicht werden, was er wäre, wär er dem oder jenem nicht begegnet?

Es zerreißt ihm das Herz, wenn ein Name brachliegt.

Er verkündet seine Orden. Kann ein so schamloser Mensch irgendetwas erkannt haben?

Ja, aber seine Erkenntnisse sind auf Sand, auf ihn selber nämlich gebaut.

Kaum sagt er sich: rechtsum! bricht das Kartenhaus zusammen.

›Gäbe es die Nacht nicht, wollte ich nicht auf Erden leben.‹

Darani.

Hundertjähriger stolziert in Eingetroffenheiten.

Die Doppelsprachigkeit wiederfinden – das Eigentliche, das ich durch das Verlassen Londons verloren habe.

Meist-Beziehungs-Künstler, sein heimlicher Respekt für einen, der alle verwirft.

Es mag eitel sein, sich in einer sorgfältig-heimlichen Aufzeichnung auseinanderzunehmen.

Noch eitler ist es, sich aus Hochmut dessen zu enthalten.

Aus dem Rüstungswettlauf der Zwei ist der Rüstungswettlauf *aller* geworden. Niemand ist sicher. Weiß es jeder?

Aber auch wenn es so wäre, wenn jeder es wüßte, wenn jeder unaufhörlich daran denken würde, keiner, buchstäblich keiner, weiß, was zu tun wäre.

Du hast dich nicht sehr geirrt, im Wesentlichen sind die Dinge richtig – was ließe sich über uns sagen, das schlimmer wäre?

Und wenn es so ist: könntest du deine *Propaganda* für Dauer und Endlosigkeit des menschlichen Lebens nicht endlich einstellen?

Das *Sprechen*, zum Feind des alten und geschwächten Menschen geworden. Er kann nicht mit Maß und in kleinen Häppchen sprechen, die Begierde, *es* zu *sagen*, weil er mehr als je davon erfüllt ist, zwingt ihn zu Ausbrüchen, die stürmisch und ohne jede Zurückhaltung verlaufen. Er ist heftiger geworden und alles scheint dringlicher. Er will, daß nichts an Erfahrung verloren geht: Das Erzählen, wie es von Anbeginn bis heute war, hat Ausmaße und Wucht einer Lawine. Wem will man es sagen? Man hat kaum mehr die Wahl. Wer setzt sich solchen Stürmen aus? Wem erscheint die Welt, die von den Medien absieht, nicht wie ein Kindermärchen?

Er fürchtet sich vor Menschen, die ihm nie etwas gesagt haben. Sobald sie sprechen, fürchtet er sie nicht mehr. Dieser sichere Herr über Worte.

Wie einer für sein Nachleben Bilder zusammenstellt, die andere gemalt haben.

Eine Art verewigter Nachlaß aus Herrlichkeiten, die beim Jüngsten Gericht für ihn sprechen sollen.

Auf der einen Seite die Kläger, durch seine Waffen umgekommen, die er erzeugt und in alle Welt verkauft hat. Auf der anderen die Maler. Werden sie wirklich seine Fürsprecher sein?

Nur Pascal hat es alles gewußt, und ist mit 39 gestorben. Was soll einer, der 88 ist, von sich denken?

Aus einem Werk sich so lösen, daß man nie darin befangen war. Aber ist Verwandlung ohne Erinnerung des Früheren möglich?

Eine Zeit kommt, vielleicht die letzte, in der das Lesen nichts mehr bedeutet. Es verbindet sich nicht mehr mit Vorhandenem, es gleitet ab, es versinkt nicht mehr, es hinterläßt keine Spuren. Vielleicht weckt es noch Wünsche nach anderem, das zu lesen wäre, aber es sind sehr leise Wünsche, sie verwehen, bevor sie sich artikulieren. Wie soll man dieses Lesen, so ganz anders als alles, was man früher Lesen nannte, einschätzen?

Vielleicht ist es eine Einübung ins Vergessen der Worte, ihr Flattern vor der Stille.

Umfüllen der Worte, von Zeit zu Zeit: andere Philosophien. Wenn es zu rasch geschieht, schwächen sich die Worte. Geschieht es langsam, werden sie unüberwindlich.

Man sagt nicht mehr gern Zukunft, sie ist erblindet. Wenn es nur die eigene erblindete Zukunft wäre! An dieser, geschwächten, wäre nicht viel. Aber die Laute von nebenan: ›erreicht‹ und ›das Schaffen‹, ihr schauerlich nie verstummender Ton.

Ton jener eigenen Frühe, gegen die man anzurennen sucht: erbärmliche Ziele, besessener Ton.

Aber waren die geräumigen Töne besser? Ihre Großherzigkeit war schon damals blind. Engherz und Großherz nebeneinander im selben Rennen. Erlangt ist nichts. Wer wagt es, sich aufzurichten und zu sagen: Ich habe gelebt.

Es ist, als hätte niemand gelebt: nur Dummköpfe und Teufel.

Es trifft so vieles ein von dem, was man beherrscht, aber in Wahrheit angstvoll erkannte, daß man sich ins Gesicht spucken könnte.

Hat man es denn dazu erkannt, daß es wahr wird?

Ein Moralist: gilt auf alle Fälle als einer, der von Unerreichbarem redet und sich daraus einen Spaß macht.

Wer zu viel sagt, von dem vergißt sich noch das Wenige, das bleiben könnte.

Der Alte gönnt nachträglich anderen etwas von dem, was er für sich verloren hat und befestigt die Wegmarken. Doch glaubt er nicht, daß jemand sich auf den Weg macht.

Der Gedanke, daß alles von einem Menschen beachtet werden könnte, bloß weil er bekannt war, ist lächerlich. Denn wenn ein Tausendstel von ihm anders war als das Übliche, so waren 999 Tausendstel wie bei jedem anderen. Diese sind es aber, die man sucht und findet und zur Bestätigung des Üblichen verwendet.

Wirkliche Verehrung hat etwas Rührendes. Zwar weiß der Verehrte es besser, aber er sieht darin das Zeichen eines guten Charakters, und wenn er sehr dumm ist, eines ersprießlichen Zustands der Welt.

Grausamkeit der Gleichstellung: sie versperrt dem Gleichgestellten alle Wege zur Flucht.

Das Geklapper eines Namens, des eigenen: Verzweiflung. Wie soll einer danach noch heißen?

Es ist erbärmlich, die Hoffnungslosigkeit als letztes Wort zu hinterlassen. Es ist, als habe es nur ein Leben gegeben, das eigene, als gäbe es danach kein anderes, kein fremdes. Wer so entkräftet ist, daß er nichts mehr sieht, soll anderen das Wort geben. Er soll damit aufhören, gehört zu werden. Er soll die nichtsnutzigen, die schwachen Worte vernichten.

Unzufriedenheit mit dem Ein-Gott. Aber haben die Tiergötter Ägypten, die olympischen Götter Griechenland bewahrt? Es ist mit ›Gott‹ etwas so falsch wie mit ›Mensch‹.

Die ›Feinheit‹ des Ruhms bewahrt keinen. Schließlich zersetzt der Ruhm jeden Namen, es gibt auf die Dauer nur Namen der Entstellung.

Aber wie pflanzt sich die Wahrheit fort? Durch erbarmungslose Zerstörung von Namen.

Wozu dann noch ihr Entstehen? Es fällt Kraft ab von ihnen, eine Zeitlang erfrischen sie und stillen den Durst. Sie versiegen. Andere entspringen. Sie dürfen nie ganz versiegen.

Sollen einem Namen mehr leid tun als Menschen, weil sie zerstört werden?

Niemandem helfen, der anderen nicht hilft.

Keine Macht aus Hilfe.

Wiederauffüllung eines Wortes durch den, der es entleert hat.

Die Aufklärung, die heute als Kinderparadies erscheint.

Lebewesen aus Schwüren.

Feind aus Lichtenberg.

Beim Schreiben kokettiert er. Sonst heiligernst.

Da sitzen sie nun, Männer in höchstem Maß, und grölen einander Verträge vor. Keiner unterzeichnet. Sie stützen sich nach Haus.

Er *zerstiebt* gern, doch sein Reichtum bleibt hart wie Granit.

Häßliche Angehörige, die das Ansehen Toter an sich zu reißen suchen, ihr gieriges, aber wirkungsloses Kostüm.

O traurige Interpretation! Tod der Gedichte, die an Entkräftung eingehen, wenn ihnen alles entnommen ist, was sie nicht enthalten.

Ich spüre ihn so gut, auch mein Reich sind die Bleistifte.

Ich hätte ihn verkannt. Er hätte mich gehaßt. Wir hätten uns gegeneinander zu wehren gesucht. Er hätte mich beleidigt und tagelang und nächtelang mit mir gesprochen. Wie hätte ich seine Wortausbrüche erkannt. Wie hätten sich meine eigenen davor verkrochen. Er liebte die runden, die überrunden Sätze, ich liebe die spitzen.

Jede Äußerung von ihm aus der Zeit der Wanderungen ist mir kostbar, besonders jede, gegen die ich mich sträube.

Immer unwahrer, was länger wird. Wieviel Sätze hintereinander kann man denn wirklich meinen? Wieviel selber verstehen? Und ersticken sie nicht am Versuch, sie selbst zu begreifen?

Plötzlich sprangen andere Namen für ihn in die Bresche, und es war, als hätte früher nichts nach etwas geheißen.

Zerknirschung nach der Begegnung mit den Dichtern, die es wirklich sind.

Sie sind das Unerreichbare, weil sie einem so nahe sind.

Laß ihn laufen, den T. Nicht mehr predigen.

Ich fange damit an, daß er nur noch T. heißt. Reduziert nimmt er weniger Platz ein. Mit dem »o« verliert er das hohle Dröhnen der Vergeblichkeit.

Von Unbekannten über und über beschrieben, stolziert er auf der Straße herum und kläfft Lieder. Alle weinen, wenn sie ihn sehen, und lachen sich eins in seinem Rücken.
Sein weinendes, sein lachendes Konterfei.

Den erreicht niemand, der spielt tausend Abwesende vor.

Der geschwätzige Kleidermann, alles, was er verkauft, stopft er mit Sprache aus, bis der Käufer ohnmächtig wird und verschwindet.

Seit er nichts mehr zu sagen hat, redet er unaufhörlich. Sobald er wieder etwas zu sagen hat, schweigt er.

Stirbt, um sich nicht mehr zu beschweren.

Der Morgen, so lustig, als wäre er für immer angebrochen.
Tiere auf allen Seiten.

Es solle jeder durch die Ritzen sehen können. Es hänge nichts zusammen.

Hintergründlichkeit.

Welthistorisch begrüßt, entfloh er ins Thema Schweiz und war nicht mehr daraus hervorzulocken.

Das Ansteckende alles Schrecklichen, das man geschildert oder bezeugt hat.
Waren *Buchstaben* schon ansteckend und lang bevor man es merkte?

Einer wollte der Macht an den Leib rücken und schrieb das Lehrbuch zu ihr.

Selbst die Begriffe, die in den jungen Jahren etwas Feindliches hatten, sind jetzt zu harmlosen Kieseln abgeschliffen worden, wirf sie weg.

Zehn Kilometer tief in der Erde ist alles noch unbekannt. Erbärmlich die Wissenschaft, die bis in die ›Enden‹ des Weltalls schaut.

Das Bestechende an Kant ist sein Puritanismus. Es ist ein Puritanismus guten Willens, der nicht mit Mord und Totschlag beginnt, der Sorgfalt fürs Leben hat, nicht Abscheu davor, der sich am Leben nicht rächen will, sondern dafür bescheiden, aber gehoben Dank sagt. Es ist eine strenge Zufriedenheit, unablenkbar und zäh, auf sich gestellt, aber auf das Beste davon, von Hochmut und Größenwahn vollkommen frei, befehlsergeben (aber lieber eigenen Befehlen), in einer merkwürdigen Balance zwischen Weite und Gewissen.

Es ist viel Ordnung in Kant, viel private Sitte, die sich der größeren der Allgemeinheit nicht widersetzt, aber hartnäckig von ihr absondert.

Was immer man gedacht hat, meldet sich wieder. Von Wert ist es nur, wenn es einen überrascht. Übers Beste erschrickt man.

Er braucht die Fessel des Weitblicks.

Auf einer Bank die Alte liest Todesanzeigen.

Wird der Mensch je zu Ende betrachtet sein? Wird er vorher verschwinden? Muß er verschwinden, um sich nicht zu Ende betrachtet zu haben?

Entehrte Geographie. Alle sind überall gewesen. Zerdroschene Namen.

Fidele Besserwisser.

Lang hat es gedauert, von Hegel bis Brecht, bis das Wort ›listig‹ in der deutschen Sprache ganz zerstört war.

Wenn die künstlichen Tiere kommen, ist es mit ihrer Verehrung zu Ende. Was können künstliche Menschen von künstlichen Tieren halten?

Er sieht mich an wie hinter seinen Zahlen. Ich sehe ihn an wie davor.

Seit einiger Zeit ertappt er sich dabei, wie er in Gesprächen sagt: »Wenn ich hundert werde.« Er zieht es also in Erwägung, er hält es für plausibel, er erwähnt Leute, die er kannte, *achtbare* Leute, die 98, 96, 94 wurden, und er hat sie noch in höchster Lebendigkeit gekannt. Sollten es die Reden gegen den Tod sein, die einen am Leben halten?

Einer beschließt, zum Abschied noch alle zu beleidigen, die ihm nahestanden. Am schwersten beleidigt er die, die er am längsten im Herzen trug.

Es ist ein anderes Lernen, wenn man lange gelebt hat. Die Dinge melden sich wieder, aber sie hatten viel Zeit, sie wandeln sich in Sprüngen von Jahrzehnten.

Sie leuchten anders, weniger schillernd, besänftigt, aber voller Kraft, womit haben sie sich im Laufe von Jahren vollgesogen? Sie sind hie und da aufgetaucht, verworfen, vergessen worden. Aber dann sind sie wieder da, wie ein neues Geschlecht, in solcher Fülle von Leben, daß man sich der schwächlichen Gegenwart, der eigenen, schämt. Einzelheiten mögen verschwunden sein, aber nur manche, andere sind daran, aufzublühen, wieder andere im Verwelken, vor einem letzten Ende. In allen geschiedenen Verfassungen bevölkern sie einen mehr und mehr. Das Alter räkelt sich und wünscht sich, zu Ewigkeit zu werden.

Aber wenn sich auch die Körper verbessern ließen? Zu Engeln, zu Teufeln, zu ›wilderen‹ Rassen? Wenn die Erde sich wieder mit Buschmännern und Arandas bevölkern ließe?

Künstlichen, die aber gar nicht künstlich wären, denn sie wären gegen Trunksucht und unsere Laster gefeit?

Wenn es gelänge, uns, die ›Zivilisierten‹, durch künstliche Intelligenz abzuschaffen?

Alles, was du zu sagen hast, hängt mit ›klein‹ zusammen. Das ist dein Inhalt. Deine Feindschaft gegen ›groß‹, gegen ›gesund‹, gegen ›Nerven‹, gegen ›hinauf‹, mit einem Wort, gegen Nietzsche.

Deine Trauerzeiten länger als die der Chinesen: fünf, nicht drei Jahre.

Wäre es nicht Zeit, vor dem 100. Geburtstag, die alten Bewunderungen auszutauschen.

Ganz anders schreibt sich's, wenn man an nichts Bestimmtes denkt. Dann schwillt es zur Flut, zur großmütigen, und vieles schwimmt mit. Wenn man aber beim Schreiben Menschen, bestimmte Menschen, vor sich hat, geht es Dolchstoß auf Dolchstoß, ein grausames Geschäft, während jene Flut fürs Unbestimmte sich im Stillen schon sammelt.

Termitenkönigin in Oxford.

Wich Zen aus, als alle hinflüchteten. Jetzt da sie sich wieder zu ihren Nationen retten, darf er sich an Zen-Späßen erquicken.

Ein Mensch, dessen Erinnerung je nach der Person besteht, die er im Augenblick vorstellt. Die Erinnerung *springt* wie die Verwandlung und beschränkt sich auf diese.

Hingerissen zählt er die Meuten auf, denen er abwechselnd angehört hat. Mal diese, mal jene, immer eine. Traurig die meutenlosen Strecken. Wie soll einer niemanden zum Mitbeißen haben? Wie soll einer allein zubeißen?

Editorische Notiz

Der vorliegende Band enthält Aufzeichnungen aus den Jahren 1992 und 1993, die Elias Canetti Ende 1993 aus den handschriftlichen Vorlagen ausgewählt, diktiert und im Typoskript nochmals überarbeitet hat. Nur was er bei dieser Überarbeitung vorbehaltlos gelten ließ, konnte in den Band aufgenommen werden. Alle Aufzeichnungen wurden mit dem handschriftlichen Original verglichen. In einzelnen Zweifelsfällen – vorwiegend orthographischer Art – galt die Version der Handschrift. Der Titel des Bandes wurde der Bezeichnung des Manuskripts durch den Autor entnommen: Aus den Aufzeichnungen 1992–93.

Für fachkundige Beratung und Hilfe möchte ich Herrn Prof. Dr. Peter von Matt und Herrn Dr. Johann Steurer herzlich danken.

Zürich, im Februar 1996 Johanna Canetti